C'EST L'HÔPITAL QUI SE MOQUE DE LA CHARITÉ

Ouvrage publié sous la direction de Jean-Baptiste Bourrat.

Éditions des Arènes
27, rue Jacob, 75006 Paris
Tél. : 01 42 17 47 80
arenes@arenes.fr

C'est l'hôpital qui se moque de la charité !
se prolonge sur le site www.arenes.fr

JEAN-NOËL FABIANI

C'EST L'HÔPITAL QUI SE MOQUE DE LA CHARITÉ

La fabuleuse histoire de l'hôpital du Moyen Âge à nos jours

ILLUSTRATIONS DE DANIEL CASANAVE

les arènes

DU MÊME AUTEUR

La Cuisine de vos artères. Pour ceux qui ont du cholestérol et ceux qui ne veulent pas en avoir (en collaboration avec Bernard Pacaud), Albin Michel, 1994.

Chirurgie des vaisseaux. Aspects fondamentaux, Arnette, 1998, tome I.

Chirurgie des vaisseaux. Aspects cliniques, Arnette, 1998, tome II.

L'Acte créateur (ouvrage collectif avec Gilbert Gadoffre, R. Ellerodt et al.), Presses Universitaires de France, 1999.

Ces histoires insolites qui ont fait la médecine, Plon, 2011.

Ces histoires insolites qui ont fait la médecine. Les transplantations, Plon, 2012, tome II.

Médecin. Un serment et des vies, Prat, 2012.

Le Chirurgien et le Marabout, Plon, 2013.

L'AP, la guerre. L'Assistance publique dans la Grande Guerre (ouvrage collectif), AP éditions, 2014.

À Jane,

À tous les personnels de l'Assistance publique-Hôpitaux de Paris, qui mettent chaque jour leurs compétences et leur dévouement au service des malades.

À tous mes collaborateurs du département de Chirurgie cardio-vasculaire de l'Hôpital européen Georges-Pompidou que j'ai l'honneur de diriger.

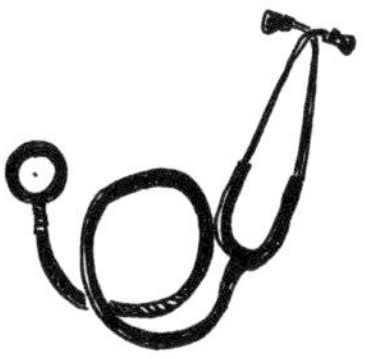

AVANT-PROPOS

« Marchez pas dans mon mouillé ! »

C'ÉTAIT LA PREMIÈRE FOIS QUE JE PÉNÉTRAIS DANS UN hôpital. J'étais étudiant en première année de médecine, stagiaire à l'hôpital Necker dans le service du professeur Jean Hamburger, le pionnier des greffes de rein. Collant aux basques de mon chef de clinique*, je m'infiltrais avec mes camarades dans l'étroit couloir qui conduisait à la « salle des femmes » pour un premier contact avec les malades.

Là, nous fûmes accueillis par les hurlements de l'aide-soignante martiniquaise qui venait de laver à grande eau les carreaux verts et blancs du couloir et qui tenait encore en main son balai et sa serpillière au-dessus du seau d'eau savonneuse : « Ah, Monsieur André (c'était le nom de mon chef !), quand même, marchez pas dans mon mouillé, avec tous vos étudiants ! » Et geste à l'appui, elle nous intima l'ordre de longer les murs, sur la pointe des pieds, chef de clinique en tête, pour respecter son sacro-saint « mouillé ».

* Les astérisques renvoient au glossaire en fin d'ouvrage.

*

* *

Après plus de trente-cinq ans passés dans les hôpitaux parisiens, je ne pourrais pas compter les fois où me présentant vers 8 heures du matin aux portes d'un service, j'ai entendu le fameux : « Marchez pas dans mon mouillé ! » Comme si cette heure à laquelle arrivaient la plupart des médecins devait être toujours choisie pour laver les couloirs et les salles à grande eau. Mais d'un autre côté, pouvait-on blâmer celle qui défendait fort logiquement son travail ? Non, bien sûr. Donc, deux antagonismes se faisaient face. Il fallait trouver une solution. Il n'y en eut jamais... Cette anecdote est révélatrice d'un certain mode de fonctionnement dont les hôpitaux n'ont pas l'exclusivité, hélas...

Pourtant, des solutions auraient été possibles pour les esprits rationnels. N'était-il pas envisageable de recommander aux surveillantes* de faire nettoyer les couloirs à 7 h 30 afin qu'ils soient secs quand le gros des troupes arrivait une demi-heure plus tard ? Ou bien, est-ce que la face du monde aurait été changée si l'on demandait aux médecins de n'arriver en salle qu'à 8 h 30 au lieu de huit heures précises, permettant au « mouillé » de se faire tout sec ? Non, bien sûr. Mais voilà, cela faisait trente-cinq ans (et sans doute plus) que cela durait. Ce « marchez pas dans mon mouillé » m'est apparu l'expression du dysfonctionnement de toute une institution, depuis la fille de salle jusqu'au directeur général en passant par le corps médical, férocement jaloux de leurs prérogatives. Et personne n'entendait céder... En d'autres termes, c'était l'hôpital qui se foutait de la Charité.

*

* *

Il est vrai que lorsqu'on est aussi misérable qu'un hôpital, on a peu de raison de se gausser des Charités. Cette vieille expression, employée aujourd'hui sans que l'on se souvienne précisément de ses origines, nous renvoie aux temps anciens où la plupart des établissements de santé étaient gérés par des congrégations religieuses et plus particulièrement par les frères ou les sœurs de la Charité, si bien que beaucoup de ces hospices furent appelés des Charités. Grâce à cette métonymie, un Hôtel-Dieu et une Charité devinrent, à cette époque, synonymes. C'est dire qu'il n'y avait aucune raison de préférer l'un à l'autre, tant dans le palmarès de la misère et de la mort, le nom de l'établissement n'y pouvait rien changer.

Et tous les poncifs sur les hôpitaux pouvaient ressortir. Les hôpitaux publics, vieux pour la plupart, mal entretenus, sales avec leurs stores cassés aux fenêtres, leurs portes grinçantes qui imploraient depuis des temps immémoriaux le secours de la burette d'huile, leurs escaliers majestueusement tristes aux marches encombrées de mégots, leurs ascenseurs en panne. Et cette odeur indescriptible, mélange d'éther sulfurique (pourtant disparu depuis longtemps), de produit d'entretien bon marché et de nourriture refroidie.

Et le personnel ! Une comédie humaine. Depuis le garçon de salle coiffé de sa petite calotte blanche, drapé dans sa capote bleue*, arpentant les allées de l'hôpital, portant un prélèvement urgent vers le laboratoire au train de sénateur, à la surveillante irascible, trousseau de clés à la ceinture, morigénant ses troupes du matin au soir. Et les médecins hospitaliers, pérorant devant leurs élèves, considérant les malades comme le champ de leurs expériences et incapables de leur dire clairement ce dont ils souffraient ou comment ils allaient les guérir.

Cet hôpital qui prêtait tellement le flanc aux critiques de toutes sortes qu'on pouvait entendre dans bien des bouches ou lire dans les articles à charge : les délais invraisemblables pour un rendez-vous, les files d'attente en consultation, les chambres sales aux murs pisseux, les couloirs encombrés d'appareils hétéroclites... Était-ce bien ça « mon » hôpital ? Cet endroit où j'avais passé ma vie professionnelle. Où j'avais connu tellement d'émotions, de tristesse, de satisfactions et de joies. Où j'avais pu donner un sens à ma vie.

Évidemment, tout est plus compliqué, mais il ne s'agit pas de nier les imperfections et les manques. Ils existent. Mais l'hôpital public en France ne peut pas se résumer à une caricature brossée à gros traits. C'est autre chose, c'est aussi une magnifique aventure que beaucoup de pays nous envient dans le monde. C'est aussi un endroit où l'on a tenté de rassembler au fil des temps : compétence extrême, dévouement au patient et justice des soins. Des lieux où des hommes et des femmes se dépensent sans compter pour faire marcher des structures parfois pesantes et compensent par leur humanité et leur courage les insuffisances de tout système construit par les siècles.

Par les siècles...

Quand je fais aujourd'hui mon cours à la faculté sur l'histoire des hôpitaux en France, je tente d'expliquer comment l'hospice du Moyen Âge, purement religieux et caritatif, s'est transformé au fil du temps en un lieu où l'on a rassemblé des malades, comment on a progressivement séparé la notion de maladie et celle de misère, comment les médecins, d'abord visiteurs occasionnels, ont fait très récemment de l'hôpital le creuset de leur expérience, comment l'architecture même des bâtiments a suivi les conceptions que le pouvoir public projetait sur leur fonction. Tout celà est très sérieux et a fait l'objet d'une foule de livres et de thèses d'Histoire de la médecine avec un grand H.

Cette histoire mérite d'être contée. Médecins, chirurgiens, patients, malades, étudiants, ou simples curieux, cet héritage séculaire, c'est notre patrimoine commun. Mais pour cette fois, laissons la grande Histoire (avec un grand H) aux historiens. Intéressons-nous plutôt à la petite histoire (avec un petit h), elle n'est pas moins passionnante.

Amis lecteurs, tournez la page !

1.

La croix et la bannière…

NOUS SOMMES PENDANT L'ÉTÉ 1189, LE ROI PHILIPPE II Auguste va se croiser. Il a levé la «dîme saladine» pour financer harnachement et goujaterie de l'ost royal.

Mais avant de partir guerroyer au loin, le bon roi Philippe a tenu à laisser «sa ville» en bon ordre. Avant son départ, et pour mieux assurer sa défense, il a fait construire un mur de 9 mètres de hauteur et de 3 mètres d'épaisseur, la ceinturant sur près de 5 kilomètres. Et pour complaire à ses sujets, le souverain vient tout juste d'agrandir la vieille *Domus Dei* (l'ancêtre de l'Hôtel-Dieu), fondée en 651 par l'évêque de Paris, et sise sur le parvis de Notre-Dame sur la rive gauche de l'île de la Cité, l'emplacement actuel du square Charlemagne. Ces nouveaux bâtiments étaient destinés à accueillir les traîne-misères qui hantaient l'île et qui n'hésitaient pas à mendier, voler, voire à estourbir le bourgeois de sa belle capitale.

À cette époque, l'Hôtel-Dieu comportait une grande salle commune, voûtée en ogive, dont le mur du fond était orné d'un gigantesque crucifix, suffisamment haut pour rappeler à tous ceux présents que le salut ne pouvait venir que de la religion, mais suffisamment écrasant pour rappeler à tous la misère de leur condition de pauvres pécheurs... Avant le départ du roi pour la croisade, les grabats ont été complètement refaits. Pour tout dire, avant de galoper en direction de Jérusalem, et dans sa grande bonté, le roi a fait don à l'hospice de toute la paille de son palais. Les pauvres vont pouvoir mieux dormir... Dans les lits de bois, les indigents sont couchés deux par deux, parfois à trois, parfois plus, selon l'affluence, et souvent tête-bêche. La «bonne place» dans le lit est celle qui permet de voir le Christ en croix.

Mais de qui d'autre pouvaient venir l'espérance et le salut?

À l'Hôtel-Dieu, les dames augustines tiennent les lieux et une bonne partie de leur temps est consacrée à coudre les linceuls. Car on meurt beaucoup à l'Hôtel-Dieu: un quart des «patients» n'y réchappe pas. Dans chaque lit, il y a, au choix, le malade, le mourant et le mort. Le tout est de savoir pour chacun quel sera son destin.

Pour ce qui est de la médecine proprement dite... il n'y a pas de médecins, seulement des clercs ayant un embryon de culture médicale. Ils admettent les patients et prescrivent quelques soins. Deux fois par semaine passe le barbier et sa lancette; il fait les pansements, incise les abcès et ampute les membres pourris.

À l'Hôtel-Dieu du parvis de Notre-Dame, on accepte tout le monde, sauf les contagieux, ou plutôt ceux qu'on imagine l'être, comme les pestiférés, qui sont vraiment contagieux, ou les malades atteints du «haut-mal», c'est-à-dire les épileptiques, qui eux ne le sont pas vraiment. Et puis on reçoit aussi les pèlerins, certains mendiants et ceux qui participent à la construction de Notre-Dame... La vocation première de l'établissement hospitalier.

Il faut bien comprendre qu'au VIe siècle de notre ère, date approximative de la création des premiers *hôtels-Dieu*, ces derniers n'ont pas grand-chose à voir avec les malades... Étymologiquement, l'*hôpital* ou plutôt l'*hospice* est le lieu où l'on accueille l'étranger (*hostis* en latin). L'Occident chrétien officialisa d'ailleurs cette mission, lors du concile d'Orléans en 549, mais son rôle initial était surtout d'y recevoir les pèlerins (car ils participaient comme main-d'œuvre bénévole à la construction des églises et des cathédrales) et les indigents pour les loger, les nourrir et en prendre soin, à défaut de les soigner véritablement. Chose dont ils auraient été bien incapables, du moins au VIe siècle, faute de médecins, mais surtout, faute de médecine. Détail important, le concile d'Orléans donnait aux biens hospitaliers un caractère inaliénable afin de les responsabiliser quant à leur financement. En bref, le concile d'Orléans disait : « j'autorise votre création, mais vous vous débrouillez pour le fonctionnement, qui sera à votre charge ».

Ce fut au cours du Moyen Âge qu'allait progressivement se transformer cette vocation d'accueil des hospices religieux. Deux éléments allaient intervenir de façon déterminante. D'abord, l'explosion démographique de l'époque – la population française a été multipliée par trois entre l'an 1000 et l'an 1300 – qui généra les grandes famines liées à une production agricole insuffisante, entraînant misère et mendicité dans les grandes villes. Ensuite les grandes épidémies qui ravagèrent le pays du XIIe au XIVe siècle, comme la peste et le choléra, qui entraînèrent un afflux de malades en détresse vitale dont il fallait bien s'occuper.

Pour faire face à ces arrivages massifs, il a donc fallu choisir ses hôtes. À tel point que les malades et les mendiants devinrent par nécessité les « clients préférentiels » de l'hospice et remplacèrent progressivement les pèlerins dans les seuls établissements susceptibles de les accueillir. C'est ainsi que « l'étranger » que l'on recevait comme hôte le temps d'une étape dans un monde essentiellement rural fut remplacé par les vrais malades ou par des mendiants affamés, l'un et l'autre souvent considérés comme dangereux dans une société qui s'urbanisait progressivement ; l'un à cause de la contagion, dont on prenait progressivement conscience, l'autre à cause de la criminalité qu'il était suspect d'engendrer.

L'hôpital se devait donc d'évoluer en fonction de ces nouvelles contraintes. Puisque ces nouveaux « clients » s'imposaient comme des dangereux, il fallait les enfermer. Et si possible les enfermer loin du centre des villes. Puisque les hospices ne recevaient plus de pèlerins, il n'était plus nécessaire de les bâtir près des cathédrales. C'est ainsi que les hôpitaux commencèrent leur lente migration « hors des murs ». Politique que les pouvoirs royaux successifs allaient s'attacher à réaliser. C'est-à-dire, séparer le bon grain de l'ivraie. Les malades des bien-portants. Les croyants des mécréants. Les paisibles sujets, des assassins. Salauds de pauvres, comme dirait l'autre.

2.

Ils ne mouraient pas tous, mais tous étaient frappés…

L'HÔPITAL SAINT-LOUIS FUT CONSTRUIT PAR HENRI IV de 1607 à 1612 en dehors de Paris pour hospitaliser les pestiférés qui étaient rejetés de l'Hôtel-Dieu de l'île de la Cité. Il était tout près de Montfaucon, zone qui servait aux Parisiens de zone d'épandage et de décharge, et traditionnellement de gibet. Le nom du saint roi lui fut donné car on pensait (à tort) qu'il était justement mort de la peste à Tunis, première étape de la huitième croisade avortée.

Depuis des siècles, s'il est bien un mot qui a entraîné l'effroi un peu partout en France et en Occident, c'est bien celui de «peste» et de son corollaire, le pestiféré. La peste, maladie divine, envoyée sur la terre pour punir les hommes de leurs péchés, car il semblait évident qu'une telle puissance dans l'horreur ne pouvait qu'être envoyée par un Dieu Tout-Puissant, accréditant ainsi la réalité de la «maladie-punition», comme l'a si bien écrit M. de La Fontaine:

Un mal qui répand la terreur,
Mal que le Ciel en sa fureur
Inventa pour punir les crimes de la terre,
La Peste (puisqu'il faut l'appeler par son nom)
Capable d'enrichir en un jour l'Achéron,
Faisait aux animaux la guerre.
Ils ne mouraient pas tous, mais tous étaient frappés... [1]

L'horreur sur terre ! Mais, histoire de compliquer les choses, depuis l'Antiquité et jusqu'au Moyen Âge, toutes les épidémies s'affublaient du nom de peste. En fait la plupart d'entre elles n'étaient pas la peste, mais ce seul nom suffisait bien à désigner l'horreur et l'impuissance des hommes devant le fléau. Pour ceux qui veulent toujours classer les choses – les médecins, par exemple –, il est vraisemblable que la variole ait tenu la première place sur le podium d'honneur des épidémies du passé.

Mais la peste, la « vraie » peste, la peste noire, la « grande peste », quand est-elle vraiment apparue sur la scène des fléaux de l'humanité ?

Cette peste, dite peste « bubonique », car elle se caractérise par la présence de ganglions lymphatiques gonflés et douloureux (les bubons) à l'aine et aux aisselles, sévissait de façon endémique en Asie centrale et en Chine. Si bien que l'Occident fut longtemps épargné, jusqu'à ce jour funeste de 1346 où les Tatars de la Horde d'or décidèrent d'assiéger le port de Caffa, comptoir commercial génois de Crimée sur les bords de la mer Noire. Le bacille de la peste (ou bacille de Yersin), véhiculé par les puces des rats noirs qui accompagnaient les troupes mongoles, toucha bientôt

1. Jean de La Fontaine, « Les animaux malades de la peste ».

assiégeants et assiégés, car les assiégeants, malades, trouvèrent logique de partager leur mal avec les assiégés et catapultèrent les cadavres au-dessus des murs pour infecter la ville. En quelque sorte, les Tatars venaient d'inventer la première guerre bactériologique ! On se gardera bien de les féliciter.

Mais cette guerre lointaine allait faire des petits. Un bateau de commerçants génois put cependant s'échapper avant la fin du siège... Les affaires étant prioritaires pour les Génois, ils acheminèrent d'emblée leur cargaison vers leurs clients. Pour cela, ils firent escale à Messine en septembre 1347, puis à Gênes et enfin à Marseille en décembre de cette même année. Et à chaque fois la peste noire s'y déclara au rythme du débarquement des marchandises, et donc des rats qui les accompagnaient. Un genre d'épidémie expérimentale bien involontaire.

Ainsi on put suivre la peste comme on suivait les rats. Petit détail de l'histoire : le gros rat asiatique porteur de la peste prit rapidement le pas sur le petit rat européen, d'autant plus facilement qu'à Marseille, en 1347, il n'y avait plus de chats pour s'attaquer aux rats mongols !

Le lecteur tenu en haleine par ce récit peut légitimement se demander pourquoi nos chats européens auraient-ils été effrayés par ce « Péril jaune » d'un genre nouveau ? Ce n'est pas tout à fait le cas, l'histoire est plus terrible encore. Le Moyen Âge européen n'a pas été d'une façon générale une bonne saison pour les chats. Ils avaient en effet la mauvaise réputation, entre autres, d'être des animaux maléfiques, investis de pouvoirs effrayants. Une bulle papale de 1233 avait même précisé que les chats noirs étaient les serviteurs du diable. On risquait même d'être soupçonné de sorcellerie par le seul fait d'en posséder un... L'Inquisition se chargeant ensuite de combattre toutes les formes de sorcellerie et de satanisme, elle y associa naturellement l'éradication des chats. Si bien que les pauvres matous avaient disparu des villes et des ports, laissant le terrain aux rats, leur proie héréditaire.

Ironie de l'histoire, quand le pape Innocent VII demanda l'intensification de l'éradication des chats – ce qui coûta la vie à plusieurs millions d'animaux –, sa bonne ville d'Avignon, alors cité papale, fut à son tour atteinte par la maladie. Il est très vraisemblable que la présence des chats aurait pu freiner la propagation de l'épidémie qui causa des ravages dans toute l'Europe. On estime en effet qu'en cinq ans la peste noire fit 25 millions de victimes soit 30 à 50 % de la population occidentale !

Moralité de l'histoire, comme aurait dit M. de La Fontaine, pour des raisons différentes mais intimement liées, il ne faisait pas bon d'être un homme ou un chat, à Marseille, dans ces années-là...

3.
Un prêté pour un rendu…

QUAND ON DIT DE QUELQU'UN : « QU'IL A ATTRAPÉ LA vérole » c'est rarement une bonne nouvelle. Comme on entend aussi parler de petite vérole, cela suppose, à l'évidence, qu'il en existe également une grande et *a priori*, si l'on veut être logique, que la petite est plutôt moins grave que la grande. Comme souvent, en médecine comme ailleurs, ce n'est pas aussi simple que cela…

Dans le langage commun, la vérole désigne en fait la « grande vérole » (qu'on nomme parfois aussi la « grosse vérole »), c'est-à-dire la syphilis, une maladie vénérienne banale au cours des siècles précédents. Car comme le disait André Gide, dans *Les Faux Monnayeurs*, qui avait l'air d'en connaître un rayon sur le sujet : « Ils sont rares de nos jours, ceux qui atteignent la quarantaine sans vérole et sans décoration. »

Quant à la « petite vérole », elle n'est pas moins grave que la grande, tant s'en faut, et pour tout dire les deux véroles n'ont strictement rien à voir. La petite vérole, c'est le nom qu'on donne au Moyen Âge à la variole. Et la variole, c'est tout de même du sérieux, elle représente la plus grande tueuse de tous les temps, toutes catégories confondues, bien avant la Grande Guerre et la bombe atomique. Aujourd'hui disparue (sauf peut-être des laboratoires d'armes bactériologiques, il faut bien rêver un peu !), elle a sans doute tué un quart de la population des hommes depuis la création du monde. Ubiquitaire, elle a agi sur tous les continents en se propageant presque plus vite que ceux qui la véhiculaient. Égalitaire, elle a touché les manants et les rois, les riches comme les pauvres, sans distinction et sans préférence. Possessive, elle a laissé par de profondes cicatrices sa trace indélébile à tous ses rescapés.

*

* *

Mais revenons à la « grande vérole »… Le nom de syphilis est utilisé pour la première fois par Girolamo Frascatorio en 1530 dans son ouvrage *Syphilis sive de morbo gallico*, où il décrit l'histoire d'un berger nommé Syphilus qui aurait été le premier à contracter la maladie pour avoir mis en colère les dieux (encore eux !). Nous devons l'apparition en France de ce que tous appellent encore la « grosse vérole » au roi Charles VIII, et à ses troupes qui la rapportèrent de l'expédition de Naples en 1495. Appelé, dès l'origine, « mal français » par les Italiens et « mal de Naples » par les Français, le fléau se répand comme une traînée de poudre aux quatre coins du monde, sans que personne ne veuille en reconnaître l'encombrante paternité. Dès le début, c'est l'horreur. Le mal frappe partout, principalement les prostituées et les hommes de troupe, mais aussi les seigneurs et les bourgeois des villes.

La médecine de l'époque est complètement impuissante à enrayer le fléau, et la maladie peut évoluer à son aise ;

et chaque pays nouvellement atteint ne manque pas de donner au nouveau mal le nom du voisin suspecté, le plus souvent avec raison, d'avoir été le contaminateur. C'est mesurer d'emblée la variété des appellations : les Russes parlent du « mal polonais », les Polonais du « mal des Allemands », les Allemands du « mal français » – ce dernier terme recueillant en outre les suffrages des Anglais qui le baptisent « French pox ». Quant aux Flamands, aux Hollandais et aux Maghrébins, ils l'appellent « mal espagnol », les Portugais « mal castillan », tandis que Japonais et populations des Indes orientales diront « mal portugais »... Dieu reconnaîtra les siens !

Et les Espagnols, que disent-ils ? Ils ne disent rien justement. Bizarre... non ? Étrange silence qui vaut en fait signature. Vingt ans après son apparition, les chroniqueurs révéleront en effet que ce sont probablement les hommes de Christophe Colomb qui ont rapporté l'agent de la syphilis, le tréponème pâle, d'Amérique où l'épidémie sévissait chez les Indiens et donc aussi chez les Indiennes. N'oublions pas qu'il s'agit d'une maladie vénérienne.

Reste la grande question : quel est donc le rapport entre petite et grosse vérole ? Si, d'un point de vue médical, il n'y en a aucun, il y en a un du point de vue historique. Et l'anecdote ne manque pas de sel... Lorsque les Espagnols conquirent l'Empire aztèque en 1518, ce pays comptait vingt-cinq millions d'habitants. En 1620, il en survivait seulement un million et demi. Que s'est-il passé ? Génocide ? Massacre organisé ? Folie meurtrière ? Rien de tout cela. En débarquant dans le Nouveau Monde, Cortés avait emporté dans ses bagages une alliée bien plus puissante que ses conquistadors, c'était la petite vérole, qui causera d'immenses ravages auprès des populations autochtones, dont les organismes étaient totalement vulnérables à ce virus, qui leur était complètement étranger. Et c'est cette petite vérole qui a largement contribué à vaincre les Aztèques !

Mais si de nombreux Amérindiens moururent à cause des virus européens, les Indiennes refilèrent aux Espagnols la grande vérole, celle du tréponème pâle, qui, lui, était endémique en Amérique et inconnu en Occident. Transmis aux conquistadors, la maladie débarqua en Europe, transita par Naples, alors propriété de la couronne d'Espagne, arriva en France par les guerres d'Italie et décima l'Europe pendant les siècles suivants. C'est ce qui s'appelle, en langage courant, rendre la monnaie de sa pièce...

Comme quoi, la guerre ne se gagne pas toujours avec les armes que l'on croit et les microbes peuvent s'avérer plus expéditifs que les arquebuses.

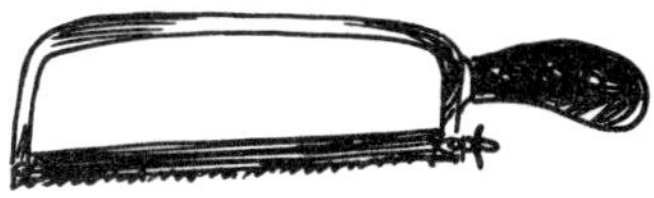

4.

Cautères et jambes de bois !

IL EST BIEN DIFFICILE D'IMAGINER AUJOURD'HUI QUE LA chirurgie était autrefois un travail dévolu aux barbiers. Ceux-ci n'étaient pas docteurs en médecine, ne parlaient pas le latin, n'avaient pas étudié Galien et Aristote à la faculté, mais ils possédaient des lames coupantes, ce qui n'était pas fréquent au Moyen Âge, mais qui était indispensable à l'évidence pour inciser les plaies comme pour couper la barbe.

À l'hôpital, ils participaient au soin quotidien ; souvent il tenait une échoppe en ville dont l'enseigne était un plat à barbe argenté ou doré selon leur grade. Les médecins, qui étaient le plus souvent des clercs, leur laissaient le champ libre car ils avaient reçu l'interdiction formelle par le concile de Tours (1163) d'effectuer tout acte de chirurgie. « L'église abhorre le sang ! » Telle avait été la formule. Les médecins, donc, péroraient en latin en répétant les enseignements des anciens et laissaient aux barbiers incultes (qui évidemment ne connaissaient même pas la première déclinaison !) et industrieux, le soin de trancher dans le vif ! Quand la guerre reprenait, il était de bon ton de s'attacher les services d'un barbier pour prendre soin de la troupe.

Ainsi, fière de ses racines, la bonne société chirurgicale française répète avec fierté que c'est au siège de Damvilliers en 1552 que le grand Ambroise Paré pratiqua la première ligature d'une artère au cours d'une amputation, afin d'éviter l'hémorragie massive au moment de la section de l'artère fémorale. Bonne pratique en effet, assez logique et pragmatique, digne du fameux barbier-chirurgien* de la Renaissance.

Mais, au fait, comment faisait-on une amputation avant Ambroise Paré ?

La méthode était assez simple, quoique passablement rustique… Avant même d'affûter les couteaux et de sortir les scies de leur boîte, on commençait par faire rougir les tisonniers. Ils allaient servir en fait à cautériser la plaie. Cautériser… le mot est bien suave pour désigner une pratique assez barbare. À l'époque, on coupait en effet le membre et l'on sciait l'os après avoir posé un garrot à la racine du membre, puis l'on brûlait au fer ardent toutes les chairs du moignon jusqu'à en faire du… charbon. Ce charbon en brûlant les extrémités des veines et des artères réalisait également l'hémostase* et empêchait de saigner. Toutes proportions gardées, ce n'est guère différent de ce que font aujourd'hui (plus délicatement tout de même) les modernes bistouris électriques. Évidemment sans anesthésie, la manœuvre était quelque peu douloureuse pour ne pas dire insupportable. Mais dans l'air du temps, elle avait la vertu de débarrasser par le feu les miasmes infernaux de la pourriture.

Pourtant cette technique, dont on peut louer l'efficacité et le caractère martial, cachait un gros défaut. Un des risques majeurs était la chute secondaire de l'escarre, quand, après quelques jours, ces tissus calcinés se fragilisaient et cédaient alors sous l'effet de la pression sanguine. Il pouvait donc se produire la chute du bouchon qui contrôlait le flux sanguin : le sang artériel jaillissait brutalement sans crier gare, entraînant la mort du soldat en quelques saccades d'un rouge ardent.

Toutefois, celui qui a déjà vu une fémorale coupée au niveau de l'aine a du mal à croire qu'on puisse interrompre le flot jaillissant avec un cautère, surtout chez un sujet jeune et en bonne santé. On a également du mal à croire qu'il ait fallu attendre le XVIe siècle, le siège de Damvilliers et le génie (indiscutable) de Maître Ambroise pour que l'idée de la ligature d'une artère saignant en saccades ne franchisse pas les « mérangeoises » de tous ces chirurgiens de l'Antiquité qui n'étaient quand même pas tous des demeurés.

En ce beau XVIe siècle, Ambroise Paré était le barbier attaché aux basques du comte de Rohan et revenait avec l'armée du roi Henri II du « voyage d'Allemagne ». On s'était, au passage, arrêté à Damvilliers, place lorraine sans grande importance qu'on avait soumise au pilonnage de l'artillerie. Cependant, erreur courante de ceux qui se sentaient les plus forts, les tentes des assiégeants avaient été installées trop près des murs, si bien que, tiré des remparts, un boulet de couleuvrine perça la tente de Rohan et arracha la jambe d'un gentilhomme de sa suite qui s'y reposait. L'amputation nécessaire « fut faite sans appliquer les fers ardents » précisa Ambroise Paré lorsqu'il publia son livre[1] quelques années plus tard. Une petite phrase toute simple

1. *La manière de traiter les playes faictes tant par hacquebutes que par flèches et les accidents d'icelles...*, Paris, 1551.

AMBROISE PARÉ

pour indiquer un fait capital dans l'histoire de la chirurgie ! On raconte même que, n'ayant pas de fil sous la main, il prit quelques crins de la queue du cheval de l'ambulance pour faire sa ligature. Et que cela expliquerait pourquoi les fils chirurgicaux s'appellent encore parfois des crins…

Mais le chirurgien moderne ne peut qu'être surpris quand Ambroise Paré décrit sa méthode : « Lors de l'amputation du membre, il est nécessaire que quelque quantité de sang s'écoule, à la fin qu'à la partie deschargée y surviennent moins d'accidens, et selon la plénitude et force du malade. Le sang escoulé en quantité suffisante il faut promptement lier les grosses veines et artères si ferme qu'elles ne fluent plus. Ce qui se fera en prenant lesdits vaisseaux avec tels instruments, nommés Becs de corbin … De ces instrumens faut pinser lesdits vaisseaux (qui pour ce qu'il y a danger de prendre avec eux quelque portion de la chair des muscles ou autres parties) … Ainsi tirés, on les doit bien lier avec un fil qui soit en double. »

Si la ligature de l'artère y est correctement décrite, y compris le détail de mettre deux fils par sécurité, on ne peut que s'étonner qu'un pragmatique comme Ambroise Paré reprenne à son compte les hérésies de la vieille saignée galénique*. Au prétexte qu'il faudrait laisser le sang s'écouler d'abord afin d'obtenir un saignement moins abondant ensuite et qu'ainsi l'hémostase serait facilitée. On comprend pourquoi un certain nombre de ses blessés, ainsi saignés à blanc, ne s'en remettaient pas. Mais c'est un fait acquis : les idées que des générations se sont transmises ont la vie longue. Maître Ambroise, tout original qu'il fut, n'échappe pas à la règle.

Alors, Ambroise Paré inventeur de la ligature artérielle ?

Reconnaissons qu'il ne réclame aucune primauté et ne fait que décrire ce qu'il a fait avec une certaine bonhomie.

Si l'on cherche un peu, on s'aperçoit que presque tous les chirurgiens qui l'ont précédé parlent de la ligature d'artères comme d'une technique indiscutée. Les chrétiens, Guy de Chauliac, Henri de Mondeville et Roger de Salerne ligaturent ; Avicenne pour les Arabes et Moïse Maimonide pour les juifs sont également partisans de la suture artérielle. Quant au grand Galien lui-même, tout laisse à penser qu'il connaissait la ligature artérielle. D'ailleurs n'oublions pas qu'il a été le chirurgien de l'école de gladiateurs de Pergame et qu'on l'imagine mal ne pas penser à la ficelle devant ces plaies artérielles d'où le sang s'échappe au rythme des battements cardiaques. Mais il est vrai qu'à l'époque il ignorait les fonctions du cœur.

Donc Paré n'a pas inventé la ligature des artères. Tout au plus s'en est-il fait le chantre. Mais au moins, a-t-il été suivi ?

Que nenni ! Au XVIIIe siècle, le chirurgien Jean-Louis Petit, de grande renommée pourtant, y était encore hostile. Même Percy, le chirurgien de la Grande Armée, qui améliora la technique des amputations avec son fameux rétracteur, restait toujours fidèle aux bienfaits du cautère.

Alors dans cette histoire, pourquoi Ambroise Paré ?

Tout simplement parce que le personnage de Paré est séduisant et qu'il fait bien au fronton de nos hôpitaux modernes comme « père de la chirurgie française ». L'allure, ça compte aussi en histoire ! Parti de rien, simple barbier, il devint chirurgien de quatre rois de France et dama le pion à la faculté dans ses ouvrages écrits directement en *françois*, lui qui ignorait le latin. Peut-être un peu protestant sur les bords, ergotant tous les livres écrits par ses aînés, pinailleur avec ses pairs et ne respectant que la Bible, le personnage plaît naturellement par son côté râleur, frondeur avec son franc-parler. Tellement *françois* jusque dans son arrogance et son esprit qui préfigurent Voltaire, Rousseau et les grands révolutionnaires. En effet, il y a de la révolution bourgeoise dans ce Paré-là !

Et puis il y a une tentation égalitaire chez Ambroise Paré, qui, par bien des aspects, préfigure la médecine moderne. On a toujours besoin de héros nationaux, même s'il faut parfois forcer un peu le destin. C'est ainsi qu'on prête au chirurgien cette réponse au roi Charles IX qu'il devait opérer et qui lui demandait de le traiter avec plus d'attention que les pauvres qu'il soignait habituellement :

– J'espère bien que tu vas mieux soigner ton roy que tes gueux ?

– Sire, cela m'est impossible !

– Mais comment impossible… Ambroise, je suis ton roy !

– Oui, sire, mais je soigne mes gueux comme des rois…

5.

L'hôpital, cette prison…

À LA QUESTION : « À QUOI SERT UN HÔPITAL ? », TOUTE personne sensée, interrogée aujourd'hui, répondra invariablement : « À y mettre les malades afin de parvenir à un diagnostic et afin de les traiter le mieux possible. » Ceci peut sembler une évidence à nos contemporains, mais il n'en a pas toujours été ainsi. L'hôpital a beaucoup évolué au cours des siècles en fonction de ce que l'on estimait être les besoins de la population, en fonction des possibilités de la médecine mais aussi des priorités politiques.

Ainsi, à partir du XVIIe siècle en France, les épidémies s'étaient un peu calmées et les pestes de tous acabits s'étaient faites plus rares. Pourtant Henri IV décida de construire l'hôpital Saint-Louis « hors les murs », pour regrouper les patients contagieux et leur faire prendre le bon air de la campagne[1]. Isoler les malades était une chose, mais cela

1. À l'époque d'Henri IV, la situation de l'actuel hôpital Saint-Louis dans le Xe arrondissement était au milieu des champs et des marais, au-delà de la porte du Temple, non loin du gibet de Montfaucon. Le but était de désengorger l'Hôtel-Dieu lors d'une épidémie de peste et

ne résolvait évidemment pas le problème des pauvres. Et les pauvres, qu'en faire ? Ils devenaient de plus en plus un problème réel par leur nombre et leur concentration dans les grandes villes. Passait encore qu'ils fissent la manche mais ils devenaient dangereux quand ils se rassemblaient en grande truanderie. Sans escorte la nuit, à Paris, on était certain de se faire occire pour quelques pièces. L'expression « la bourse ou la vie ! » n'était pas une vue de l'esprit... Alors où parquer ces damnés de la terre ? Mais à l'hospice, bien sûr !

Louis XIV, comprenant bien le problème, s'attacha à faire la part des choses. Ainsi imposa-t-il en 1662 que chaque cité importante puisse bénéficier « d'un hôtel-Dieu ou d'un hospice pour accueillir les pauvres, les vieillards, les vagabonds et les orphelins ». Voilà pour les malades ou ce qui y ressemble. Mais, à côté de l'Hôtel-Dieu, sur l'île de la Cité, qui était toujours censé accueillir les patients dits « curables » (soyons optimistes), il fit édifier en 1656 à Paris deux grands hospices qui existent encore : la Salpêtrière pour les femmes et Bicêtre pour les hommes. Voilà pour les indigents[1].

En fait, le pauvre devenait un enjeu de sécurité publique bien supérieur à l'enjeu médical que représentaient les malades, même contagieux. Depuis 1612, les pauvres et les invalides avaient déjà l'obligation de se parquer dans

d'y placer les malades en quarantaine (c'est-à-dire au moins quarante jours).

1. Pour être complet, Louis XIV fit également construire l'hôtel des Invalides pour les soldats. Il faut dire que les estropiés de tout poil au retour des guerres allaient souvent rejoindre les mendiants et jouer les « béquillards » dans les rues des villes en exhibant leurs moignons, ce qui ne favorisait pas le recrutement de nouveaux volontaires pour les futures campagnes royales.

les hôpitaux. À l'origine, il devait s'agir d'une démarche volontaire, mais, très vite, comme l'hôpital évoquait plutôt la prison, ils y furent conduits par une police spéciale, les «Archers des Pauvres» et, en moins de vingt ans, l'hôpital fonctionna plutôt comme un lieu d'incarcération. L'hôpital se trouvait donc investi d'une mission sociale, celle de redresser la déviance par rapport au «normal» et d'assurer le grand «renfermement» des pauvres. On l'oublie souvent, mais cette mission de l'hôpital public persiste encore aujourd'hui.

En 1656, un édit ordonne l'arrestation de tous les mendiants et vagabonds, hommes, femmes, enfants, et leur «renfermement» à l'hôpital général de Bicêtre. «L'hôpital» est alors divisé en deux grandes sections: d'un côté, la prison, de l'autre, la partie réservée aux «bons pauvres», comme les vagabonds qui acceptaient de s'y faire traîner sans résistance. Pour les autres tout était prévu, y compris les ingénieux appareils de torture chargés de les remettre dans la norme, à l'aide de quelques sévices bien choisis. Mais on ne s'en tint pas là, et les mendiants et autres vagabonds n'eurent pas longtemps l'exclusivité de Bicêtre. En 1660, le Parlement de Paris décida que l'hôpital général accueillerait également les «aliénés», quelques années plus tard ce fut au tour des vénériens. La barque se chargeait réellement, mais on ne pouvait pas parler encore véritablement d'incarcération. Ce sera chose faite en 1729, et Bicêtre devint réellement une prison pour les droits communs en attente de leur départ pour le bagne.

La Révolution française n'y changea rien, ou presque. Avant 1792, il existait encore à Bicêtre deux sortes de détenus, ceux qui payaient pension et ceux qui ne payaient pas. Les premiers logeaient dans l'un des 296 cabanons, sorte de petite chambre de 2,50 mètres de côté, d'où ils

ne sortaient jamais. Les autres allaient à la Force où ils vivaient enfermés dans des salles communes de 12 mètres de long sur 10 mètres de large où s'entassaient jusqu'à 70 prisonniers. Quant aux cachots de Bicêtre, lieux d'épouvante, creusés à 5 mètres sous le sol, sans lumière et sans air, où les prisonniers croupissaient enchaînés, alimentés à l'occasion par un gardien sadique, la Convention les fit combler au nom de l'idéal révolutionnaire.

Pourtant Bicêtre resta longtemps célèbre pour sa « chaîne » du bagne, événement palpitant qui attirait toujours au XIXe siècle une foule de spectateurs. On pouvait en effet assister au ravissant spectacle du « ferrement ». Les prisonniers qui devaient partir pour le bagne étaient alors attachés deux à deux par un carcan de fer qui était scellé directement sur les prisonniers, la tête posée sur une enclume. On comprend qu'un tel supplice avec les cris, les jurons et les pleurs ait été passionnant et ait pu attirer les badauds jusqu'à l'autre bord de la Bièvre. La dernière chaîne pour le bagne partit de Bicêtre en 1836. Dans un chapitre des *Misérables*, dont l'action se situe en 1832, Victor Hugo donne une description saisissante du départ de la « chaîne » pour les ports de l'Ouest.

Ce fut à Bicêtre que notre cher marquis de Sade, qui n'était pas franchement dans la « norme » de son temps, fut incarcéré en 1803 dans les suites de la publication sulfureuse de *La Nouvelle Justine ou les Malheurs de la vertu*. Sa famille se démena pour le sortir de cette « affreuse prison, Bastille de la canaille » et le faire interner à Charenton, maison de santé au régime incomparablement plus doux. Le 27 avril 1803, soit à peine plus d'un mois après son arrivée, le marquis de Sade quitta donc Bicêtre. Mais il en est ainsi des célébrités, sa présence hante encore les murs. Et puis Sade à Bicêtre, quel programme ! En 1880, Bicêtre devint officiellement un « asile », même si l'établissement poursuivit son orientation marquée vers la psychiatrie. L'hospice de Bicêtre reçut alors des hommes indigents âgés de 70 ans minimum, ou des individus atteints d'infirmités incurables, privés de tout moyen d'existence, sans condition d'âge.

Les temps passèrent et Bicêtre est aujourd'hui un CHU[1] avec des locaux modernes reconstruits récemment. J'y fus interne dans les années 1970 dans un service qui logeait encore dans les vieux bâtiments. Et en arpentant les couloirs de cette forteresse qui trônait au XVIIe siècle sur le plateau qui surplombait la Bièvre, il m'est souvent revenu aux oreilles la chanson de salle de garde que reprennent encore aujourd'hui les internes de Bicêtre :

Dans ce Bicêtre où l'on s'embête,
Loin de Paris que je regrette,
J'ai bien souvent et longtemps médité
Sur la vieillesse et la caducité,
Or, écoutez ce refrain de Bicêtre,
Cette leçon vous servira peut-être :
On n'peut pas bander toujours,
Il faut jouir de ses roupettes :
On n'peut pas bander toujours,
Il faut jouir de ses amours !

1. Centre hospitalo-universitaire.

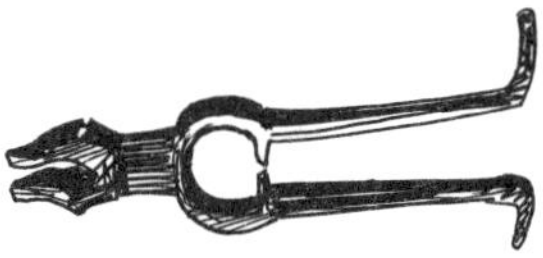

6.

Chaos et renaissance…

La France peut s'enorgueillir de posséder la première faculté de médecine du monde, celle de Montpellier, créée au XIIe siècle. Si cette dernière – et les nombreuses autres facultés de médecine qui suivront – savait depuis longtemps former de savants médecins, la présence de ceux-ci à l'hôpital était néanmoins exceptionnelle… En effet, depuis des siècles, l'hôpital était la «chasse gardée» des religieux. L'Église toute-puissante y exerçait sa charité et de nombreux ordres monastiques, parfois issus des croisades, s'étaient progressivement spécialisés dans les soins aux miséreux hospitalisés. Quant aux médecins, s'ils venaient parfois donner un avis à l'hospice, ils n'y étaient que peu présents, occupés par leur clientèle plus huppée qui, elle, se faisait soigner à domicile et n'acceptait pas les salles communes et leur cortège de râles et d'odeurs putrides véhiculant les miasmes de la mort.

L'enseignement dispensé à la faculté n'était pas non plus exempt de critiques… Le docteur tout juste diplômé qui en sortait était souvent très capable, mais avait subi un enseignement doctrinaire, où la connaissance du latin et du grec semblait plus mise en valeur que celle de l'anatomie, et l'expérience pratique (soigner des malades) était quasiment nulle.

Pendant très longtemps, l'enseignement des facultés fut surtout théorique. Des professeurs souvent brillants commentaient les ouvrages anatomiques de Galien alors qu'on laissait à un barbier* ignare le soin de retrouver dans le sujet qu'il disséquait, devant les étudiants souvent hilares, des viscères dont il ignorait à peu près tout de l'existence... Et encore ne fallait-il pas manquer les jours de démonstration ; il n'en était autorisé par l'autorité ecclésiastique que trois par année scolaire et uniquement l'hiver, conservation des sujets* oblige !

Il n'y avait également que peu d'expérience pratique dans des hospices qu'on évitait de fréquenter, peu de dissections (car l'Église abhorrait le sang) et surtout peu ou pas de traitement efficace. Ces facultés jusqu'au XVIIIe siècle produisirent surtout des docteurs au sens universitaire du terme, discutant en latin au chevet des malades, mais impuissants à les guérir. Les fameux « docteurs Diafoirus », qui n'avaient pas échappé aux sarcasmes du grand Molière dans *Le Malade imaginaire* : « Il s'y est rendu redoutable, et il ne s'y passe point d'acte où il n'aille argumenter à outrance pour la proposition contraire. Il est ferme dans la dispute, fort comme un Turc sur ses principes, ne démord jamais de son opinion, et poursuit un raisonnement jusque dans les derniers recoins de la logique. Mais sur toute chose ce qui me plaît en lui, et en quoi il suit mon exemple, c'est qu'il s'attache aveuglément aux opinions de nos anciens, et que jamais il n'a voulu comprendre ni écouter les raisons et les expériences des prétendues découvertes de notre siècle, touchant la circulation du sang, et autres opinions de même farine. »

Pour faire éclater ce carcan, il fallait des pointures...

Pour tout dire, il fallut deux personnalités de l'histoire de France – et non des moindres – pour se charger de la redoutable tâche de réformer l'hôpital et les études de médecine : ce furent étonnamment Napoléon Bonaparte et le général de Gaulle qui s'y attelèrent, avec quelques siècles de distance. Comme si dans ce beau pays de France, il fallait la poigne d'un exécutif fort et si possible des militaires pour oser toucher à ce bastion de tous les conservatismes.

*

* *

Rendons justice à Bonaparte, quand il accèda au pouvoir, en 1799, il hérita d'une situation catastrophique où la fureur antireligieuse révolutionnaire avait tenu une grande place. Tenus par des religieux, les hôpitaux étaient devenus la cible privilégiée de la hargne anticléricale. Carnot emporté par sa fougue révolutionnaire avait pu écrire : « La plupart des hôpitaux sont encore desservis par des sœurs grises qui distribuent leurs soins avec une partialité marquée... Ce sont des foyers de fanatisme et de contre-révolution : nous en avons fait renouveler l'administration tout entière, nous en avons fait exclure les prêtres réfractaires qui servaient encore et nous avons fait remplacer toutes les sœurs par des femmes charitables... » Comme souvent, la réalité était un peu différente des souhaits de Carnot. On avait en fait imposé à toutes les religieuses travaillant dans les hospices de prêter le serment révolutionnaire. Bien entendu, la plupart refusèrent, ce qui entraîna une série d'expulsions, d'emprisonnements et, dans certains cas, de condamnations à mort de ces pauvres femmes, et sur le plan pratique l'abandon des hôpitaux de tout personnel formé et de toutes les soignantes un peu compétentes. Histoire de ne pas arranger les choses, en proclamant, sous prétexte d'égalité, la liberté de toutes les professions, les charlatans de tout poil pouvaient donc s'improviser médecins...[1]

L'Ancien Régime n'avait jamais pu fixer les médecins dans les hôpitaux, la Révolution en chassait les infirmières !

Il ne restait plus qu'à brader les bâtiments eux-mêmes, ce que réussit le Comité des finances de la Convention le 23 messidor an II (11 juillet 1794), en mettant en vente le patrimoine hospitalier sous forme de biens nationaux payables en assignats, monnaie de singe très favorable aux acquéreurs...

Comme ils n'étaient pas tous stupides, on pourrait se demander pourquoi les députés de la Convention ne prirent pas la mesure d'une telle erreur. Là encore il faudrait se plonger dans l'air du temps pour comprendre. Pour nombre révolutionnaires de l'époque, l'hospice n'était que le reliquat suranné du pouvoir religieux favorisé par un régime aristocratique, décadent et injuste... À cette époque, personne ne parlait de malades, tant dans l'esprit du temps la maladie ne pouvait être que la conséquence de la misère, comme l'exprima Saint-Just – à qui répugnait particulièrement l'existence des hôpitaux – à la tribune de l'Assemblée nationale : « Si la Révolution finie, nous avons encore des malheureux parmi nous, nos travaux révolutionnaires auront été vains. » Alors, vendons les hôpitaux aux plus offrants : ils seront payés en assignats sans valeur, ce qui n'a pas d'importance car demain les miséreux auront disparu. La Révolution en

1. Décrets de l'Assemblée législative, mars 1791 et de la Convention nationale, 15 septembre 1793. On peut considérer que l'idéologie sociale irraisonnée de l'époque provoqua une crise au sein de la médecine hospitalière au profit d'une médecine libérale dans laquelle des individus mal formés distribuaient des soins inconsidérés.

marche allait évidemment régler l'ambiguïté, puisque la justice sociale en supprimant la pauvreté allait permettre de guérir les malades. Les lendemains qui chantent, version 1793, il fallait y croire... Le dogmatisme révolutionnaire aboutissait à un contresens grave de conséquences.

Le temps de la Convention se terminait à peine qu'une bonne partie du mal était fait. Et comme « les lendemains qui chantent » que les conventionnels espéraient de tout cœur se faisaient attendre et que les maladies n'avaient pas compris qu'elles n'avaient plus droit de cité dans la République, il fallut bien que leurs successeurs acceptassent de s'intéresser à nouveau à l'hôpital.

Le Directoire tenta donc de sauver ce qui pouvait encore l'être et supprima la loi du 23 messidor qui avait permis la vente des hôpitaux. Mais devant la décrépitude de ce qui restait du patrimoine, les manques cruels liés aux départs des religieux et la spoliation, ils n'eurent qu'une issue : se débarrasser de cet encombrant bébé en confiant aux villes la responsabilité et l'obligation de leur fonctionnement. Cette loi, dite du 16 vendémiaire an V (7 octobre 1796) peut être considérée comme fondamentale pour la France, car elle organise toujours pour une large part le fonctionnement de notre système hospitalier, et les maires régissent encore actuellement les destinées des établissements de leurs municipalités. Quant à la vente des biens hospitaliers, il fallut arrêter l'hémorragie, et tenter de récupérer pour le nationaliser ce qui était encore possible. Mais, là aussi, le mal était fait.

*

*   *

Mais le danger de disparaître était encore pire pour les médecins. Qu'il soit rendu ici hommage à Antoine François de Fourcroy (aidé, pour être juste, par Guillotin, Cabanis et Chaptal) qui rétablit dans des conditions difficiles un enseignement de la médecine, qui créa des écoles de Santé pour parer au plus pressé (former des officiers de Santé) et qui maintint de vraies facultés pour former à nouveau de vrais docteurs. Michel-Augustin Thouret fut nommé directeur de l'École de Paris et en 1795, à nouveau, un enseignement fut dispensé. « Médecine et Chirurgie, deux branches de la même science », furent réunies et enseignées aux « élèves de la Patrie ». Mais dans l'esprit de ces révolutionnaires, qui rêvaient en toute chose d'un ordre nouveau, cet enseignement de la médecine ne pouvait qu'être lui-même nouveau, basé sur la pratique et fuyant les théories fumeuses et bavardes de la faculté de l'Ancien Régime abhorré : « Peu lire, beaucoup voir et beaucoup faire, telle sera la base du nouvel enseignement », clamait de Fourcroy au comité de l'instruction publique en 1794. Une partie de la loi du 10 mars 1803 transformera les propositions de Guillotin en réformes, réformes sur lesquelles vit encore la médecine d'aujourd'hui.

Enfin, après les mesures d'urgence du Directoire, il fallut également réagir pour sauver les malades (ou les miséreux, on a vu qu'à l'époque la différence n'était pas claire !). La création du Conseil de salubrité du département de la Seine le 18 messidor an XI (7 juillet 1802) avait permis à l'administration de disposer d'un organisme de consultations stables, et les communes furent donc chargées de porter assistance aux pauvres, de gérer les hôpitaux (d'où la nomination aujourd'hui encore du maire de la ville comme président du conseil d'administration de l'hôpital local) et de distribuer des secours et des médicaments aux

SYSTÈME
ANTOINE FRANÇOIS FOURCROY

indigents. Elles furent donc tenues d'avoir des médecins à leur service, chargés d'informer le préfet de l'état de santé de la population et des épidémies.

On restait bien en plein accord avec le contrat social du cher Jean-Jacques Rousseau: la transformation globale de la société confondait le malade avec le peuple souffrant, victime des injustices de l'Ancien Régime. Dans ce système, l'hôpital ne pouvait donc que prendre une place nouvelle, celle d'un lieu de formation et de soins, temple laïque d'une nouvelle société dont le but était lumineux: substituer l'assistance à la charité! Mais attention, une assistance contrôlée par l'État (Assistance publique*), avec des médecins formés pour cette fonction et à ses ordres... Et si possible à terme (on pouvait rêver!) de vrais malades atteints de vraies maladies, et pas seulement des pauvres, mais des citoyens capables progressivement de payer leurs soins. De la théorie à la pratique, il n'y avait plus qu'à...

*

* *

Bonaparte, Premier consul, était, pour sa part, bien conscient que les médecins dans les hôpitaux civils se faisaient rares, surtout ceux ayant une vraie pratique. Il savait aussi qu'à partir de midi et la nuit plus personne ne veillait sur les malades. Vrai coup de génie, il fit créer par le décret consulaire du 4 ventôse an X (22 février 1802), portant sur le règlement général du Service de santé, l'internat et l'externat des hôpitaux*. L'article 24 dudit décret stipule que « l'examen pour les élèves internes en médecine ou en chirurgie aura pour but de constater qu'ils sont en état de profiter de l'instruction pratique que l'on acquiert dans les hospices; en conséquence, ils seront interrogés sur les différentes parties qui constituent la théorie de l'art. Toutefois, l'examen sera plus particulièrement dirigé vers la partie d'instruction nécessaire à la place à laquelle ils aspireront. »

On avait tout dit, ou presque. Le Premier consul mettait les meilleurs à l'hôpital pour qu'ils quittent leurs satanés bouquins et qu'ils apprennent enfin à soigner des malades. Mais à tout prendre, autant sélectionner l'élite. La méritocratie révolutionnaire allait s'exprimer par un concours qui allait avoir des conséquences sur l'histoire de la médecine française, jusqu'à aujourd'hui.

Ce premier concours eut lieu en fructidor (septembre) de la même année (toujours expéditif le Premier consul !) ; sur les 64 candidats qui se présentèrent, 24 furent nommés. Le major de cette première promotion s'appelait Louis Jean Baptiste Alin. Pour la petite histoire : son internat dura quatre ans et son sujet de thèse porta sur les hernies intestinales incomplètes avec gangrène.

Que l'on comprenne bien. Les concours pour devenir externe puis interne des hôpitaux étaient organisés par les administrations hospitalières et non pas par les facultés de médecine. On était interne de Paris, de Lyon ou d'ailleurs, c'est-à-dire qu'on avait été formé dans ces hôpitaux, même si son inscription universitaire dépendait d'une autre ville. Cette formation venait en parallèle voire parfois en compétition avec la faculté dont l'enseignement restait essentiellement théorique et qui ne permettait aux étudiants que des stages dans les établissements de santé où ils n'avaient aucune responsabilité. Ces concours attirant l'élite des futurs cliniciens allaient être le moteur d'une médecine de qualité en France. Ils allaient permettre de former les médecins des hôpitaux (qui n'étaient pas toujours professeurs à la faculté) et rester le garant d'une solide formation pratique.

Pour établir cependant une passerelle entre la formation des internes et de ceux qui ne l'étaient pas, et donc pour donner un enseignement pratique aux simples stagiaires des hôpitaux, on créa, en 1823, la fonction, et donc le titre prestigieux, de chef de clinique. Celui-ci existe toujours. Mais il est souvent mal compris. D'abord parce que le chef de clinique n'est pas le chef (… de service) et que justement il ne travaille pas dans une clinique (… privée) ! C'est un grade universitaire, qui dépend donc de la faculté, donné à un ancien interne, le plus souvent, qui est chargé de prendre en charge à l'hôpital et à la faculté les étudiants en stage de clinique. C'est-à-dire de faire profiter de son expérience acquise pendant l'internat les stagiaires qui n'ont pas encore passé (ou pas réussi) les concours. Les chefs de clinique actuels sont véritablement la cheville ouvrière des services et le premier maillon de l'enseignement médical universitaire.

La Révolution française, là comme ailleurs, avait eu un rôle déterminant dans l'évolution de l'hôpital. Elle avait transféré le pouvoir hospitalier du religieux au médical pour des raisons largement doctrinaires, mais ce faisant – et sans vraiment le vouloir – elle avait donné l'hôpital aux malades et avait ainsi fondé l'hôpital moderne. Malheureusement, si l'hôpital devint bien le lieu où allaient se former les nouveaux médecins, où allait se développer la recherche anatomo-clinique de la première moitié du XIXe siècle et où on allait s'acharner à dispenser quelques soins, il ne pouvait encore devenir un véritable lieu où l'on guérissait les malades pour une raison simple mais importante : on n'avait pas encore mis au point de thérapeutiques véritablement efficaces… Les médecins du XIXe siècle se chargeront de combler ce vide…

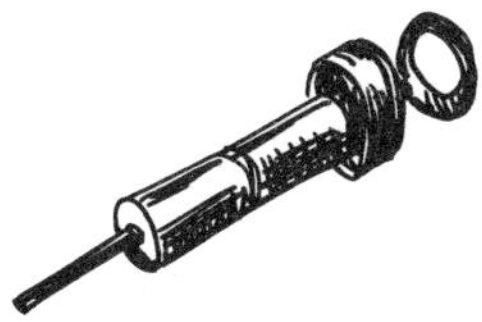

7.

Un vaccin pour les grognards

NOUS SOMMES EN AOÛT 1805, NAPOLÉON A DÉCIDÉ d'envahir l'Angleterre et rassemble une armée autour de Boulogne-sur-Mer pour préparer le débarquement. Ce camp de Boulogne ou plutôt ces camps sont faits de baraques en bois et en pierre où la vie de garnison bat son plein entre les beuveries, les querelles et le farniente. Mais derrière ce relâchement apparent, jour après jour, se forge pourtant un formidable outil de combat.

Les prévisions du ministère tablent sur plus de 500 000 hommes sur le pied de guerre, dont 400 000 fantassins. Bien entendu, il faut soustraire les malades et les déserteurs qui comptent quand même pour quelques dizaines de milliers d'hommes. Mais depuis les armées de l'an II, jamais personne n'a disposé d'une force militaire aussi importante. On vient de remanier complètement les demi-brigades qui avaient été créées en 1793 par l'arrêté du 1er vendémiaire an XII (24 septembre 1803). Le but est clair: disposer d'une troupe mieux instruite et mieux encadrée pour se rassembler sous une seule autorité: celle de l'Empereur. D'ailleurs, les officiers généraux sont d'une nouvelle génération, totalement dévouée à ses ordres. Ils sont jeunes (entre 30 et 50 ans), déjà expérimentés par les campagnes précédentes et surtout issus du rang pour la plupart. Ils lui doivent leur carrière ou leur formidable ascension, et sont des inconditionnels de l'idéal révolutionnaire et de celui qui l'incarne à leurs yeux.

À Boulogne, on travaille. Ney révise la stratégie et Soult fait manœuvrer ses divisions plusieurs fois par semaine. L'enthousiasme motive les troupes : on ne fera qu'une bouchée de ces satanés godons. Et tel un nouveau Guillaume le Conquérant, Napoléon les écrasera à peine débarqué dans une nouvelle bataille d'Hastings.

Un bruit cependant s'immisce parmi les soldats, le bruit d'un danger pernicieux qui ne pourra pas être estourbi à coups de baïonnettes. Il y aurait outre-Manche une épidémie de petite vérole épouvantable qui sèmerait la terreur dans les campagnes anglaises. Passe encore de mourir au combat, mais succomber dans d'infernales pestilences... Napoléon lui-même aurait été sensibilisé aux ravages de ce « small-pox[1] » qui empoisonnait l'Angleterre depuis plusieurs dizaines d'années. Et ce débarquement comportait suffisamment de difficultés, de danger et d'incertitudes pour que celle-ci, imprévue dans ses plans, mérite une réflexion rapide. Toujours entouré des phares de la science de son temps, il s'était fait raconter l'histoire de ce Jenner par le docteur Guillotin, qui chercha ainsi à convaincre l'Empereur des bienfaits de la méthode de cet original qui venait d'inventer ce que l'on commençait à nommer la « vaccination ». Pourquoi la vaccination et quel rapport avec les

1. Petite vérole.

vaches ? L'histoire avait amusé l'Empereur et séduit son esprit pragmatique.

*
* *

Tout avait commencé quand Jenner, médecin de campagne, donc proche du monde rural, avait été frappé par une croyance bien ancrée dans le Gloucestershire où il exerçait : malgré toutes ses recherches, les filles de ferme ne faisaient jamais la petite vérole. On ne pouvait pas dire pourtant qu'elles étaient particulièrement propres ou soignées… Leurs mains étaient sales, souvent pleines de terre avec des pustules* qui remontaient sur les avant-bras. Parfois elles s'infectaient et le médecin devait faire leurs pansements. Il en avait examiné pourtant bon nombre de ces filles, des belles et des bancales, des girondes parsemées de taches de rousseur du nez jusqu'au pubis, des enceintes qui s'ignoraient, des tousseuses qui crachaient déjà du sang et le pus de leurs cavernes pulmonaires, des vérolées exhibant leur chancre syphilitique sur le bas-ventre. Mais, chez toutes ces filles, la variole, quand il réfléchissait bien, il ne l'avait jamais vue.

C'était peut-être cette maladie de la vache, qu'on appelait le « cow-pox » ou « vaccine », qui pouvait se transmettre à l'homme par contact et donc aux trayeuses ou aux filles de ferme, sous forme de pustules plus ou moins profondes sur les mains et les avant-bras qui les protégeait… Pour en avoir le cœur net, Jenner avait osé prélever les pustules de Sarah qui était venue le consulter. Sarah était ce qu'on peut nommer « une belle plante ». Une fille de ferme bien en chair, cheveux blonds débordant de son bonnet, dont l'abondante poitrine d'un blanc laiteux s'échappait par l'échancrure de son corsage. Elle avait exhibé à son médecin, qu'elle vénérait plus que tout, ses pustules avec l'air angoissé de celle qui redoute le diagnostic. Elle en avait vu mourir des varioleux et elle savait que ça ne traînait pas. Jenner l'avait rassurée en souriant mais il lui avait demandé s'il pouvait prendre un peu de pus sur ces pustules. La grosse Sarah n'avait pas été trop brave quand elle avait vu la lancette s'approcher de son bras, mais elle avait laissé faire.

Une fois le pus prélevé, Jenner l'a inoculé sur la peau scarifiée du petit James Phipps. Et puis, après avoir été certain que le jeune homme avait bien contracté le « cow-pox », il n'avait pas hésité à lui inoculer une vésicule d'un varioleux, qui en était d'ailleurs mort, pour démontrer ainsi que le gamin n'était plus contaminable. Incroyable courage, incroyable certitude d'avoir raison. Cette histoire plaisait bien à Napoléon. On avait besoin d'hommes de cette trempe !

Le fait que Jenner dut faire face au scepticisme et à l'incompréhension dans son propre pays ne gâtait rien aux yeux de l'Empereur. Au contraire ! Son rapport initial n'avait même pas été publié par la Royal Society. Et quand ses travaux avaient été un peu connus du public, il avait dû subir une campagne de presse terrible contre sa vaccination et bon nombre de gens, d'après les caricaturistes en tout cas, redoutaient qu'elle fît pousser sur leur front des cornes de vaches.

Mais l'Empereur en était convaincu maintenant, son armée subirait peut-être les balles anglaises en débarquant mais elle ne serait pas la proie de leurs satanées maladies. Les épidémies, Bonaparte les avait connues en Égypte, et la peste avait fait un carnage dans ses troupes, il était convaincu qu'il fallait éviter la variole si un moyen existait vraiment. Ce fut ainsi qu'il prit la décision de faire vacciner sa Grande Armée.

En réalité, le chantre de la vaccination, depuis 1799 en France, avait été Guillotin[1], partisan d'une vaccination systématique de toute la population, seule option, clamait-il à juste titre, pour éradiquer le fléau. D'une intelligence vive en recherche perpétuelle, il avait présidé le comité de la vaccine à partir du 11 mai 1800 et obtenu jusqu'au soutien du pape. Ce qui était un exploit puisqu'une partie du clergé français s'était affirmé contre la vaccination, Dieu seul savait vraiment pourquoi…

Napoléon lui-même avait fondé en 1804 la «Société pour l'extinction de la petite vérole par la propagation de la vaccine», dont l'objectif était de mettre en place des infrastructures de vaccination dans chaque département. Des crédits (en fait assez insuffisants) furent débloqués à ce comité pour qu'il prît en charge la vaccination à l'échelle départementale. Cet essai de politique de santé à l'échelon national – le premier du genre – bien avant la lutte contre

1. Le nom de ce malheureux Joseph Guillotin, brillant médecin de son temps, reste indissolublement lié à la machine qu'il avait prônée dans un but humanitaire afin d'éviter les souffrances inutiles. Très égalitariste et adepte de l'idéal révolutionnaire, il souhaitait que les délits soient punis par «la même peine, quels que soient le rang et l'état du coupable». En effet, jusqu'alors, les exécutions différaient selon le rang social du condamné et le type du délit : la tête des nobles était tranchée au sabre, celle des roturiers à la hache, les voleurs étaient roués ou pendus, les régicides étaient écartelés. Quant aux hérétiques, ils étaient toujours brûlés vifs. L'appareil fut mis au point en 1792 par son confrère chirurgien Antoine Louis (d'où son premier nom de «Louison»), mais fut rapidement appelé «Guillotine», contre la volonté du brave Guillotin, qui en manifesta le regret jusqu'à sa mort. Par pure coïncidence, un médecin lyonnais qui portait le même nom de Guillotin, sans avoir de relation familiale avec Joseph, fut exécuté par la guillotine, ce qui contribua à une fausse rumeur selon laquelle Joseph aurait lui-même été exécuté par «sa» machine. En fait, il mourut banalement dans son lit…

le cholestérol et le tabac, allait pourtant se heurter à l'opposition conjuguée des curés et des hospices parisiens. En politique comme en médecine, il faut toujours des opposants pour être vraiment crédible.

Dans l'armée, Napoléon était le maître pour organiser ce qui lui semblait bon pour ses soldats. Il chargea Desgenettes[1] de montrer l'exemple. Celui-ci fit vacciner son propre fils en 1802, ce qui permit une publicité tonitruante des bienfaits de la vaccination. Car l'Empereur, contrairement aux idées reçues, ne voulut contraindre aucun homme, leur laissant le libre choix. En revanche, il souhaitait convaincre. Aux côtés de Guillotin, il put compter sur Antoine Augustin Parmentier, premier pharmacien de la Grande Armée, qui allait se battre également pour que la vaccine fût inoculée partout en France et particulièrement aux soldats, et sur Jean François Coste, médecin chef de la Grande Armée, qui organisa à Boulogne la vaccination de la troupe.

Mais avec le recul, ce fut la prudence qui domina. Et Coste en particulier insista énormément sur les mesures d'hygiène qui devaient accompagner la vaccination. L'attitude était louable, mais elle se solda plutôt par un échec. Les médecins apprirent bientôt que le projet de débarquement en Angleterre était abandonné et qu'on allait marcher pour se battre sur terre avec des Russes et des Autrichiens qui ne semblaient pourtant être guère épargnés par les vésicules véroleuses. En 1806, Coste et Percy rédigèrent un rapport qui fut transmis à l'ensemble des états-majors pour proposer à nouveau la vaccination des troupes. Mais les dispositions

1. René-Nicolas Desgenettes (1762-1827) fut le médecin chef de la Grande Armée. Il se fit remarquer par Bonaparte dès l'expédition d'Égypte pour ses compétences en hygiène, et pour son franc-parler, parfois en opposition avec les ordres du général en chef.

pratiques ne furent pas vraiment organisées et la démarche ne fut pas couronnée de succès. Qu'on en juge : au début de l'année 1807, 2066 soldats seulement avaient été vaccinés. À l'abdication de l'Empereur, ce chiffre avait triplé, mais au vu des 500000 hommes de la Grande Armée, il demeurait dérisoire.

Il y a loin de la coupe aux lèvres, c'est bien admis. Napoléon, ne voulant plus envahir l'Angleterre, s'est-il désintéressé de la variole ? Il est facile de répondre non. Il resta au contraire profondément convaincu de l'intérêt majeur de la vaccination et fit vacciner le roi de Rome par Bourdois de la Motte, vieux compagnon de la première campagne d'Italie, qu'il avait nommé médecin personnel de son fils et qui en était un partisan déterminé. Il caressa même le projet de la rendre obligatoire en France. Il n'en eut pas le temps.

D'autres chats à fouetter sans doute…

8.

Soudain Orfila fila…

AU DÉBUT DU XIXe SIÈCLE, L'UNIVERSITÉ FRANÇAISE SE remettait avec peine des sévices révolutionnaires. Il fallut quelques personnalités d'exception pour restructurer les études de médecine et leur donner le caractère pratique et scientifique qui leur manquait cruellement sous l'Ancien Régime. Orfila était de ceux-là.

Mathieu Josep Bonaventura Orfila naît à Minorque en 1787. Il fait des études sérieuses en Espagne, centrées sur les sciences fondamentales et en particulier la chimie. L'ambitieux jeune homme, voulant parfaire son curriculum vitæ, obtient en 1807 une bourse d'études pour Paris où enseignent de brillants chimistes, comme Nicolas Vauquelin et Louis Jacques Thénard. Quel est le déclic qui le fait s'inscrire alors à la faculté de médecine puis soutenir sa thèse en 1811 ? Peut-être de fabuleux professeurs de sciences naturelles, comme Georges Cuvier et Jean-Baptiste de Lamarck, mais aussi sans doute l'intuition que la médecine doit s'ouvrir aux sciences dont les applications sont multiples et qu'il apparaît, à l'évidence, être l'homme de la situation. Situation propice à toutes les promotions dont il rêve. D'ailleurs, Orfila s'est mis au travail et publie en 1813 son « grand œuvre », le *Traité des poisons tirés des règnes minéral, végétal et animal*, inventant ainsi une nouvelle science, la toxicologie, qui va devenir son cheval de bataille pendant toute sa vie.

Sa carrière universitaire s'enchaîne alors rapidement, soutenue par de nombreuses publications de chimie et de médecine d'urgence dans le cadre des intoxications, des empoisonnements ou des noyades. Objectivement, le sujet plaît. En ces temps survoltés, les empoisonnements par l'arsenic sont fréquents et les noyades dans la Seine sont quotidiennes (il faut dire aussi que de nombreuses activités portent le bon peuple vers le fleuve, mais que personne ne sait nager !). Le succès est tel qu'Orfila est nommé professeur de médecine légale à la faculté de médecine, juste après avoir obtenu la nationalité française.

Poursuivant son irrésistible ascension, il devient doyen de la faculté de médecine de Paris où son sens de l'organisation et son désir de réformes peuvent s'exprimer à satiété. Et le changement, c'est maintenant ! Orfila restructure profondément le contenu des études proprement dites, en y introduisant la chimie et d'autres matières fondamentales. Il supprime le titre d'officier de santé qui venait de la période révolutionnaire et oblige les futurs étudiants à être bacheliers. Infatigable, il impose une sélection drastique des professeurs, propose la construction de pavillons de dissection face aux bâtiments de la faculté dans l'enclos des Cordeliers et une école de chirurgie rue du Fer-à-Moulin. Pédagogue, il installe aussi dans l'ancien réfectoire des Cordeliers un musée d'anatomie-pathologique, le musée Dupuytren, que l'on visite encore aujourd'hui. Visionnaire, Orfila oblige les étudiants en médecine à fréquenter les consultations hospitalières, ce qui est follement novateur… Un chantier titanesque, un vaste programme de réformes qui force le respect, le tout dans une atmosphère d'agitation estudiantine entretenue par les événements politiques comme on en a peu de fois rencontré dans l'Histoire…

Carrière exemplaire ? Archétype même du mandarin, doyen tout-puissant, réalisant une œuvre à la fois intelligente et durable ? Certes… Orfila est un peu tout ça. Objectivement, la médecine moderne lui doit beaucoup. Pourtant, un insidieux grain de sable va se glisser dans ce somptueux panégyrique : il se nomme Marie Lafarge.

*

* *

Marie Lafarge a 24 ans quand commence notre histoire, en 1840. Sa grand-mère serait née d'une liaison entre le duc Philippe d'Orléans, le célèbre « Philippe Égalité » et Félicité de Genlis. Ce qui fait de Marie Lafarge, une descendante de Saint Louis, mais surtout une cousine (certes bâtarde…) du roi Louis-Philippe, régnant au moment des faits. Cette parenté supposée va peser lourd dans la suite de notre histoire. Marie a été mariée un an plus tôt à Charles Lafarge maître des forges au Glandier, qui lui fait miroiter une vie de châtelaine alors qu'il aspire surtout à récupérer sa dot pour combler les dettes dont il est criblé. La pauvrette, très romantique (c'est l'époque !), qui s'était imaginé une vie de châtelaine campagnarde, se découvre en fait, à peine mariée, maîtresse d'une vieille bicoque, un ancien monastère délabré, ouvert à tous les vents, sans aucun confort et infesté de rats… On imagine la déception. La pauvre Marie Lafarge déchante d'autant plus que son mari se révèle d'un commerce difficile et d'un caractère plutôt

intéressé et violent. Marie, désespérée, lui fait alors savoir qu'elle souhaite partir, quitte à lui abandonner sa dot. Mais devant son refus, avalant sa rancœur, elle décide de faire son devoir et consacre l'essentiel de son temps à mettre de l'ordre dans la vieille bâtisse dont elle a la charge, pendant que son mari court le pays pour tenter de trouver des fonds pour son entreprise...

La brave Marie Lafarge tente de parer à l'urgence. Et l'urgence est de se débarrasser des troupeaux de rongeurs qui hantent la demeure et qui effraient la dame... Elle demande donc à son régisseur Denis Barbier, une petite fripouille à la solde de son mari, d'acheter de l'arsenic, produit que l'on utilisait à l'époque pour dératiser... Et voici Marie qui dépose le poison partout dans la demeure.

C'est alors que Lafarge part en voyage d'affaires à Paris, laissant sa femme seule avec sa belle-mère. Afin de tenter de renouer une relation de confiance entre elle et son mari, Marie profite de l'occasion pour faire confectionner des choux à crème qu'elle fait expédier à Paris avec son portrait en guise de carte de visite. Délicate attention. Mais à peine le pauvre Lafarge a-t-il goûté aux gâteaux de son épouse qu'il est pris de vomissements et de maux de tête violents. Charles revient d'urgence au Glandier le 3 janvier 1840 et y meurt le 14, dans les bras de son épouse ! Le lendemain du décès, la police vient pour perquisitionner le domicile. Intriguée par cette mort inattendue et, pour tout dire, suspecte, elle découvre une maison infestée par l'arsenic. De là à envisager l'empoisonnement, le pas est vite franchi. La vie intime du couple est mise sur la place publique, et Marie est rapidement accusée d'empoisonnement...

Le procès a lieu huit mois plus tard à la cour d'assises de Tulle. Et c'est à ce moment qu'intervient notre grand expert national, le professeur Orfila. En effet, sur les quinze analyses toxicologiques effectuées sur le corps de Lafarge, les médecins, commis pour l'expertise, ne trouvent qu'une seule fois la présence d'arsenic et encore, sous forme de traces minimes. Pour l'accusation, c'est un peu juste pour faire condamner Marie Lafarge... Et l'accusation de faire appel au plus éminent des toxicologues de l'époque pour faire éclater la vérité. En effet, tout le monde sait qu'Orfila tient dans sa besace un appareil confectionné par Marsh pour doser l'arsenic, appareil qu'il a « amélioré » à sa sauce pour le rendre plus sensible et dont il a vanté, dans plusieurs affaires, les qualités d'exception. Pour mener à bien son expertise, Orfila réclame donc une nouvelle autopsie et, à la surprise générale, affirme, après avoir réalisé quelques manipulations sur sa machine, qu'il a décelé des quantités minimes mais incontestables d'arsenic dans le corps de Lafarge. Cette affirmation pèse lourd. L'accusation tient sa preuve, et l'expertise d'Orfila risque donc de conduire Marie directement à l'échafaud... Rien de moins !

Pourtant, une partie de l'opinion reste sceptique... Les premiers travaux n'avaient rien trouvé de concluant, malgré des recherches poussées... Et là, tout d'un coup, par la grâce d'une machine, la preuve est faite, irréfutable ! Il y a de quoi s'interroger. Mais que pèsent les précédentes expertises devant l'affirmation d'Orfila, ce prince des toxicologues, professeur et doyen de Paris, auteur du fameux traité de toxicologie qui sert de référence au monde entier, et orléaniste convaincu de surcroît, ce qui renforce sa position impartiale vis-à-vis de cette cousine présumée du roi, qui pourtant continue à clamer son innocence. À peine son rapport rendu, Orfila repart vers Paris où ses étudiants l'attendent, en emportant les réactifs qu'il a utilisés.

Les avocats de Marie ne se laissent pourtant pas démonter et réclament une nouvelle contre-expertise, menée par

Raspail cette fois, grand chimiste parisien, adversaire résolu d'Orfila et républicain convaincu. Pauvre Marie Lafarge, son procès se transforme en celui de la monarchie de Juillet... Malheureusement pour elle, ce second grand homme arrive trop tard pour peser sur la décision du jury qui vient de statuer : Marie Lafarge est condamnée aux travaux forcés à perpétuité ! Malgré ce jugement inique, Raspail entreprend son expertise, et tonne contre l'expertise d'Orfila en apportant la preuve qu'il existe naturellement de l'arsenic dans le corps humain et que la méthode d'Orfila n'est pas fiable car un de ses réactifs contient lui-même de l'arsenic et que, de toute façon, les quantités décelées par l'appareil d'Orfila sont insuffisantes pour provoquer un empoisonnement... « On a trouvé de l'arsenic dans le corps de Lafarge ? Mais on en trouverait partout, même dans le fauteuil du président ! » aurait-il ajouté.

Mais Orfila n'était plus sur place pour une confrontation contradictoire, comme s'il avait pris la fuite pour éviter son adversaire, comme ironisent les humoristes de l'époque : « Quand Raspail arriva, soudain Orfila fila... »

*

* *

L'histoire fut très « médiatisée » à l'époque, à la fois parce que le doute persista longtemps quant à la culpabilité de Marie Lafarge, mais aussi du fait de sa parenté avec le roi Louis-Philippe. Les opinions politiques des protagonistes interférant dans le procès, les écrivains et journalistes du temps prirent donc partie dans ce que certains nomment le « crime parfait » d'une bâtarde orléaniste, quand d'autres dénonçaient une épouvantable erreur judiciaire. Dans sa correspondance avec Eugène Delacroix, George Sand prend partie pour Marie, accusant le ministère public de «salement poursuivre cette affaire mal menée»; tandis que Flaubert se serait inspiré de Marie Lafarge pour le personnage d'Emma Bovary…

Raspail ne put infléchir le jugement donné et ne put obtenir la cassation dans les suites. Mais il poursuivit ses critiques contre Orfila et l'appareil de Marsch avec ses mots: «Seul M. Orfila, en France, a le secret d'interroger l'oracle et d'en interpréter les réponses!»

Toutefois, l'année suivante, l'Académie de médecine demanda une expertise du fameux appareil et le résultat de ces travaux fut pour le moins sévère pour son propriétaire. À force d'avoir été «bidouillée» par Orfila, la fameuse machine de Marsch voyait de l'arsenic partout, y compris où il ne pouvait pas y en avoir! Finalement, la machine de Marsch fut interdite d'utilisation, et – humiliation suprême – Orfila dut invalider officiellement certaines de ses publications antérieures. Déconsidéré par tous, il dut abandonner toutes fonctions d'expertise judiciaire quelques années après cette affaire.

En dehors du duel Orfila/Raspail, la vedette de ce procès fut à l'évidence l'arsenic, car les empoisonnements étaient assez fréquents en ce temps là. Mais qui a tué Charles Lafarge? Malheureusement, nous n'avons pas de réponse… Mais quand on y réfléchit bien, on se rend compte qu'à l'époque la piste de l'intoxication alimentaire n'a même pas été abordée, alors qu'elle est la plus plausible. Si Lafarge est mort, c'est peut-être à la suite de l'absorption d'un chou à la crème envoyé par son épouse. Un gâteau fait avec de la crème et du beurre, non pasteurisé, cela va de soi, et qui avait voyagé trois jours, du Glandier à Paris…

9.

Et Laennec inventa le stéthoscope

LE PROMENEUR QUI PASSE DEVANT LE 149 DE LA RUE DE Sèvres, près de l'entrée de l'hôpital Necker à Paris, peut découvrir une plaque de marbre assez modeste qui n'attire pas l'attention au premier regard, fondue dans l'austérité de la façade du vieux bâtiment. Mais il y a tellement de plaques commémoratives dans la capitale, que l'on n'y prête plus guère attention ! Sur celle-ci on peut lire : « Dans cet hôpital Laennec découvrit l'auscultation ». Sous l'inscription est sculpté le profil d'un homme ascétique aux traits émaciés, l'œil enfoncé dans l'orbite, un rictus plus qu'un sourire aux lèvres… Sous le visage en ronde-bosse, seulement deux dates : 1781-1826, encadrant un caducée formé du vase des pharmaciens et de la couleuvre d'Esculape.

L'histoire que ne raconte pas cette plaque, dont la sobriété n'aurait pas déplu à celui qu'elle commémore, se passe en fait en 1816.

Il faisait encore froid à Paris en ce jour de février quand le nouveau médecin de l'hôpital Necker, rue de Sèvres, traversa en diagonale les jardins de la cour centrale qu'on appelait alors «le carré», se dirigeant vers le pavillon des femmes. Toujours pressé le docteur Laennec, pas très soigné non plus, mince et raide dans sa redingote, les bottes en vrille aux talons éculés, le cheveu en bataille, le nez fin et pointu, les lèvres absentes. Un ascète qui souriait peu. Néanmoins, tout le monde reconnaissait sa rigueur, sa science et sa foi.

S'il était si pressé ce jour-là, c'était qu'il n'était pas parvenu à faire un diagnostic la veille chez une femme d'une quarantaine d'années, assez dodue, qui semblait s'étouffer au décours de grandes crises de toux. Il l'avait soigneusement examinée et avait bien cherché à écouter son cœur en posant l'oreille sur sa poitrine, comme c'était l'habitude à l'époque. Mais étaient-ce les multiples épaisseurs de vêtements qu'elle gardait sur elle comme un oignon pudique ou l'abondance de sa poitrine, il n'avait rien entendu, à peine le bruit lointain des battements du cœur. Pour ce Breton, d'une pruderie de chanoine, il n'était pas question de faire déshabiller la dame. D'abord ce n'était pas dans les mœurs du temps, ensuite, pudibond comme il l'était lui-même, il ne pouvait en être question. Mais ce matin-là René Hyacinthe Laennec avait eu une idée.

Sûrement une bonne idée, il en était persuadé : en se remémorant un jeu qu'il faisait à Quimper quand il était enfant et que lui avaient rappelé les gosses dépenaillés qu'il avait croisés la veille sous les guichets du Louvre. Un des gamins grattait l'extrémité d'une longue poutre avec la pointe d'un canif et à l'autre extrémité, l'oreille collée à la poutre, ses camarades recueillaient les sons, se bousculant pour entendre en riant ces sonorités magiquement transmises.

Ce matin-là, Laennec avait hâte de vérifier si son intuition était bonne.

RENÉ - THÉOPHILE - HYACINTHE LAENNEC

Arrivé au chevet de sa malade, dans cette belle salle voûtée où chaque patiente avait un lit pour elle seule – luxe unique à Paris dans ces années-là –, il arracha quelques pages au cahier que la sœur infirmière tenait à la main. Et les roulant en cornet, il en posa une des extrémités sur la poitrine de sa grosse malade, tout en posant son oreille sur l'autre. Et là, ô miracle, il put entendre les bruits de son cœur. Elle avait bien une sorte de roulement à la pointe du cœur qu'il avait déjà entendu, et dont il savait qu'il signait le rétrécissement de la valve mitrale* du cœur. Il fallait lui faire des saignées quand elle étouffait. Cela l'améliorerait. Du moins, pour quelque temps…

Ce jour-là, Laennec venait d'inventer le principe du stéthoscope.

Laennec fit fabriquer un petit cône en buis avec un côté en forme de pavillon sans membrane et l'utilisa régulièrement en posant son oreille sur l'extrémité la plus étroite. Ce stéthoscope ressemblait à ceux qu'utilisent encore aujourd'hui les accoucheurs. L'appareil que nous connaissons aujourd'hui (avec un embout pour chaque oreille) fut perfectionné par l'Américain George Cammann en 1852.

À l'évidence, le « stétho » est devenu l'emblème du médecin, porté en sautoir autour du cou ou glissé dans la poche ventrale du tablier du médecin hospitalier. Pour le jeune étudiant en médecine, c'est le sceptre qui l'intronise auprès des patients et qui lui vaut de leur part le nom de « docteur ». Pour Laennec, champion de la méthode anatomo-clinique, il a surtout permis de reconnaître correctement les maladies du cœur et du poumon, que l'on confondait souvent. Considération suprême, même si elle est posthume, la brillante invention du docteur Laennec, devenu le bienfaiteur de l'humanité, est portée au pinacle dans *Les Misérables*, le roman-épopée de Victor Hugo, encore lui, lorsqu'il est question de soigner Fantine, malade : « On commençait alors à suivre pour l'étude et le traitement des maladies de poitrine les belles indications de Laennec ». Honoré par le plus grand poète du temps, l'affaire semblait entendue... Pourtant cette nouvelle méthode d'auscultation « médiate » n'a pas été facilement acceptée par certains médecins (le contraire aurait étonné !), qui préféraient la méthode habituelle d'écoute avec l'oreille en contact direct avec la poitrine (auscultation immédiate). En 1885 un professeur de médecine, déclarait encore : « Il n'y a que les oreilles pour entendre, laissez nous servir de nos oreilles et ne nous obligez pas à nous servir d'un stéthoscope ». En médecine, comme ailleurs, nul n'est prophète en son pays.

Mais qu'aurait-il dit ce noble et austère praticien à notre époque, où l'échographe semble remplacer le bon vieux « stétho » pour le moindre examen. On aimerait bien le savoir...

10.

Docteur, on vous a préparé le billard…

IL FAUT AVOIR LE COURAGE DE LE DIRE : L'HÔPITAL AU COURS du XIXe et de la première moitié du XXe siècle accueillait essentiellement les pauvres ou les sans-logis. Il n'y avait pas grande différence entre l'hôpital et la charité dans un système où les soins et l'efficacité des thérapeutiques étaient balbutiants. À l'hôpital d'abord, on s'infectait. Du fait des « miasmes hospitaliers », sortes de courants d'air flottant dans les salles communes et les cursives, porteurs, pensait-on, de souillures et d'infections de toutes sortes. Aujourd'hui – et c'est plus chic – on dit, pour désigner les infections contractées pendant une hospitalisation, une « infection nosocomiale ».

Tout le monde connaît l'histoire d'Ignace Philippe Semmelweis, jeune médecin accoucheur de l'hôpital de Vienne, qui constatait que presque vingt pour cent des femmes mouraient dans les suites de leurs couches par infection puerpérale. Et particulièrement dans une des cliniques d'obstétrique de l'hôpital général de Vienne ! Dans la capitale autrichienne, les femmes de la rue le savaient bien, et nombre d'entre elles préféraient accoucher sur le trottoir plutôt qu'être conduites à l'hôpital. Quand les policiers voulaient les y traîner de force, elles hurlaient et tentaient de résister : « Pas là, pas à l'hôpital. La mort est sur les murs. Je veux vivre pour élever mon enfant. » Difficile de trouver plus enthousiaste !

Scènes horribles et pathétiques. Les médecins connaissaient la situation et l'attribuaient aux salles qui étaient trop sombres, pas assez aérées. Semmelweis démontrera qu'il n'en était rien et que l'infection de ces pauvres filles était due aux médecins et à leurs internes qui pratiquaient les autopsies des patientes décédées la veille puis l'examen des parturientes du jour sans se laver les mains entre les deux. C'est ce qu'on appelle maintenant la « contamination manuportée ». Comme toujours, pour avoir eu raison avant les autres, le pauvre Semmelweiss fut tourné en dérision par ses collègues et finit seul, conspué et abandonné par les siens… Louis-Ferdinand Céline, fin connaisseur des destins maudits, a consacré sa thèse de doctorat en médecine à son sujet.

*

* *

Mais si seules les pauvresses et les prostituées accouchaient à l'hôpital, où accouchaient donc les autres, les riches, les bourgeoises et les aristocrates ? Mais chez elles, bien sûr ! Elles accouchaient chez elles, déplaçant sages-femmes, médecins et aides de toutes sortes. Et cela ne se passait pas trop mal, sauf en cas de complications. Mais après tout l'accouchement n'est pas une maladie et tout doit bien s'y passer, avec l'aide de Dieu bien entendu[1].

1. Les religieuses infirmières et la présence de Monsieur le curé pour un ondoiement étaient souvent requises.

Et quand on était vraiment malade et qu'il fallait tenter une intervention, par exemple, que se passait-il ? À l'hôpital, le chirurgien opérait la misère. Il y travaillait à mi-temps où il enseignait aux étudiants pendant la matinée pour un salaire de misère, lui aussi. À midi, il partait « en ville » pour s'occuper de sa clientèle privée. Seul l'interne – comme son nom l'indique – restait comme médecin responsable de l'hôpital[1].

Au XIXe siècle, le chirurgien opérait chez les particuliers, avant que de bonnes cliniques privées, souvent religieuses, n'ouvrent leurs portes au siècle suivant. Mais comment faisait-on ? On installait le patient sur le meilleur plan dur qu'on pouvait trouver dans l'appartement du faubourg Saint-Germain où l'affaire avait lieu, c'est-à-dire le billard (d'où l'expression) et l'on procédait avec les instruments sortis de la fameuse trousse du chirurgien qui pendant très longtemps n'étaient pas stérilisés selon les techniques de Pasteur. Mais le nombre d'opérations réalisées était encore restreint et ne nécessitait pas de structures de surveillance et encore moins de réanimation.

*

* *

Pourtant ce fut dans ces hôpitaux de misère que s'exprima « l'ère des grands patrons », ces grands chirurgiens

1. L'internat des hôpitaux fut créé le 4 ventôse an X (10 février 1802). Ses 121 articles décrivent l'essentiel des caractéristiques – qui perdureront pendant deux siècles – de cette école très particulière de médecine, celle d'une pratique hospitalière indépendante des examens de la faculté qu'il était nécessaire de passer avec succès pour avancer dans le cursus universitaire. Il créait un corps de jeunes médecins qui avaient en charge les soins à l'hôpital de jour comme de nuit.

qui trouvèrent à l'hôpital les malades sur lesquels toutes les nouveautés, toutes les prises de risque étaient possibles pour s'enfuir, midi sonné, vers leur clientèle de ville pour une pratique plus raisonnée et plus prudente, mais surtout plus lucrative. Ainsi partout en Europe et en Amérique, les chirurgiens s'enhardirent pour réaliser des opérations de plus en plus complexes sur les pauvres qu'ils avaient en charge dans les hôpitaux. La découverte de l'anesthésie leur permit d'effectuer les grandes résections abdominales (gastrectomies, hystérectomies et autres appendicectomies...) dans le calme et la rigueur. Leurs personnalités charismatiques les imposaient à leurs élèves et les opposaient entre eux. Ils se nommaient Dupuytren à Paris, Billroth à Vienne, Halsted à Baltimore... Grâce à leur hardiesse et aussi à leur talent, on peut considérer que la plupart des grandes opérations abdominales furent codifiées avant que ne survienne la Première Guerre mondiale.

Il fallut attendre l'« entre-deux-guerres » pour que l'hôpital public attirât un peu les patients atteints de maladies graves qui avaient l'impression d'être mieux soignés par des équipes compétentes et des moyens performants. Les autres se dirigeaient vers les cliniques privées, souvent tenues par des religieuses, où se pratiquait la chirurgie de tous les jours pour les patients aisés.

Mais ce ne fut véritablement que lorsque les soins commencèrent à se sophistiquer avec des plateaux techniques plus lourds et l'avènement des réanimations que les malades furent adressés plus habituellement à l'hôpital. En gros, à partir des années 1950. Progressivement, dopés aussi par la réforme de Robert Debré de 1958 qui instituait le plein-temps hospitalier, les hôpitaux universitaires devinrent un lieu d'excellence où s'effectuait la majorité des progrès, de la recherche et où étaient pris en charge les malades les plus difficiles. Ce fut donc dans ces grands hôpitaux universitaires qu'allait se dérouler la révolution de la médecine de la seconde moitié du XXe siècle.

Que de chemin parcouru depuis la fondation de l'Hôtel-Dieu...

11.
Chienne de vie

IL NE DEVAIT PAS BON ÊTRE UN CHIEN ERRANT DANS LES RUES de Paris, plus précisément dans les rues du Quartier latin, au mitan du XIXe siècle. En 1850, Claude Bernard venait de succéder à son maître Magendie dans le laboratoire qu'il occupait au Collège de France, *sis* rue des Écoles. Ce laboratoire était tout sauf confortable. L'hiver on y gelait, l'été on y étouffait. Les murs étaient sales, le sol écaillé, le matériel vétuste. Mais c'était l'héritage de son maître et Claude Bernard s'y sentait bien.

Au début de sa carrière, Claude Bernard avait été médecin. Mais il avait échoué au concours de l'agrégation, sans trop de regrets, car soigner les malades ne l'attirait guère. Grâce à Magendie, il s'était orienté vers le laboratoire et ce qu'il appelait la « médecine expérimentale ». Pour la majorité des médecins du XIXe siècle, cela ne voulait pas dire grand-chose. À cette époque, il n'existe pas de laboratoire dans les hôpitaux français. À quoi cela servirait-il ? Et puis pour doser quoi ?

Mais revenons aux chiens. Pour ses recherches, Claude Bernard en faisait une grande consommation dans ses expériences. Si le médecin avait choisi le chien, au grand dam de sa femme et de ses deux filles qui militaient (déjà) contre la vivisection, c'était pour ses capacités omnivores, il pouvait lui faire ingurgiter ce qu'il voulait. Ce qui intéressait le chercheur dans ces années-là, c'était le sucre, le sucre du sang des vivants. Et de soigner cette redoutable maladie qu'était le diabète, comme il l'évoque dans son *Introduction à la médecine expérimentale* :

> « Pour suivre les transformations des matières sucrées alimentaires dans l'organisme, je pris des chiens qui, étant omnivores, se prêtent plus facilement à un régime déterminé. Je les divisai en deux catégories, donnant aux uns et aux autres la même alimentation, sauf une substance, le sucre : les uns recevaient de la viande cuite seule, les autres de la viande additionnée de sucre. J'ouvris l'un des chiens soumis au régime avec addition de sucre : je trouvai du sucre dans l'intestin, j'en trouvai dans le sang. Je fis la même épreuve sur un chien soumis au régime exclusif de la viande cuite, je ne fus pas médiocrement étonné de rencontrer chez lui, comme chez le premier, du sucre en abondance dans le sang, quoique je n'en pusse déceler aucune trace dans l'intestin. Je répétai l'expérience de toutes les manières ; toujours le résultat se présenta le même : (du glucose) en aval du foie, dans les vaisseaux sus-hépatiques, dans la veine cave inférieure, dans le cœur droit et au-delà. »

Il y avait donc un organe qui était capable de fabriquer du sucre, en dehors de toute alimentation et de le libérer dans le corps pour subvenir aux besoins. Oui, mais lequel ? Claude Bernard pensa que cette énorme glande qu'était le foie avait sûrement un rôle important dans la physiologie

CLAUDE BERNARD

de la digestion et du métabolisme. Il tenta une expérience, celle du « foie lavé » :

> « J'ai choisi un chien adulte, vigoureux et bien portant, qui, depuis plusieurs jours, était nourri de viande ; je le sacrifiai sept heures après un repas copieux de tripes. Aussitôt, le foie fut enlevé, et cet organe fut soumis à un lavage continu par la veine porte. J'abandonnai dans un vase ce foie à température ambiante et, revenu vingt-quatre heures après, je constatai que cet organe que j'avais laissé la veille complètement vide de sucre s'en trouvait pourvu abondamment. »

Cette expérience où se trouvait résumée toute la méthode expérimentale (hypothèse, expérimentation, confirmation/infirmation) démontrait pour la première fois la fonction glycogénique du foie, et il concluait :

> « Cette expérience prouve que dans un foie frais, à l'état physiologique, c'est-à-dire en fonction, il y a deux substances : le sucre, très soluble dans l'eau, emporté par le lavage et une autre matière assez peu soluble dans l'eau : c'est cette substance qui, dans le foie abandonné à lui-même, se change peu à peu en sucre. »

Cette substance était le glycogène, et il l'isolera deux ans plus tard. Claude Bernard avait montré la voie à suivre. Les examens biologiques étaient nécessaires pour établir les diagnostics et définir quel était le taux de glucose dans le sang. Une découverte qui promettait un avenir radieux pour les malades qui souffraient du diabète. Il ne restait plus qu'à le construire… Un laboratoire d'analyses ne fut installé dans un hôpital de l'Assistance publique qu'en…

1890. Soit, près de quatre décennies après la découverte et douze ans après la mort de Claude Bernard. Là aussi, le chemin fut long de la coupe aux lèvres. Chienne de vie !

12.

Tu accoucheras *sans* la douleur

S'IL EST UNE DÉCOUVERTE MÉDICALE QUI A FAIT PROGRESSER les choses, pour les chirurgiens et surtout pour les malades, c'est bien celle de l'anesthésie. Et pourtant, quel chemin difficile depuis Horace Wells et son protoxyde d'azote. Beaucoup de chirurgiens des hôpitaux refusèrent cette nouvelle technique au prétexte qu'elle leur coupait le « contact » avec leur patient… Quel contact en effet, quand on sait que toutes les opérations nécessitaient le recours de quelques solides gaillards pour contraindre le malheureux qui subissait l'infernale douleur d'être opéré « à cru ». On imagine la scène…

Mais tous les chirurgiens ne refusèrent pas l'anesthésie malgré de féroces oppositions. Dans ce combat, on ne peut manquer d'évoquer ici la personnalité brillante et attachante de James Young Simpson. Simpson était accoucheur à l'hôpital d'Édimbourg et fut immédiatement passionné par l'anesthésie. Mais il allait se heurter de plein fouet avec les conformismes et les diktats religieux de l'époque, lui dont le souci majeur était de soulager la douleur de ses parturientes lors de l'accouchement.

Et pourquoi donc ? À cause de la Bible et de son célèbre verset : « Tu enfanteras dans la douleur. » Les paroles de la Genèse sont fortes et ont marqué les âmes. Plus qu'un commandement, c'est la punition divine. Dieu punit Ève pour sa désobéissance.

L'éther pourtant à la mode cette année-là (1847) ne pouvait pas convaincre un accoucheur qui s'éclairait à la bougie dans ses exercices nocturnes en salle de travail au risque de provoquer une catastrophe. Il fallait donc trouver autre chose, plus facile à utiliser et surtout moins dangereux. Mais Simpson était tout sauf chimiste. Ce fut alors qu'il apprit qu'un certain Samuel Guthrie avait mis au point en Amérique un nouveau liquide qui pouvait avoir des propriétés anesthésiques : le chloroforme. Il fallait le vérifier. Simpson et ses deux adjoints, Keith et Ducan, décidèrent de tester le produit sur eux-mêmes. Dans la nuit du 4 novembre 1847, ils choisirent de tester tous trois ensemble (incroyable légèreté !) l'inhalation du nouveau liquide. Keith s'écroula le premier, suivi rapidement par les deux autres apprentis sorciers. Comme tout cela se passait au domicile des Simpson, Mme Simpson, sa sœur et sa nièce, qui surveillaient discrètement les manigances de ces grands enfants, accoururent alertées par le bruit d'une chute brutale et découvrirent avec horreur les trois hommes au sol, en état de mort apparente. On imagine les hurlements dans la maison… Simpson se réveilla le premier, reprit ses esprits rapidement et, se dégageant de l'étreinte de sa femme, annonça d'un ton péremptoire : « C'est bien mieux et bien plus fort que l'éther ! »

Cette découverte fut immédiatement reconnue et le chloroforme réussit une entrée en fanfare dans l'histoire de la médecine et ce, pour deux raisons. D'abord parce que cette anecdote fit le tour des gazettes du monde entier et ensuite parce que, informée, la reine Victoria demanda à son médecin d'utiliser la technique de Simpson pour mettre au monde son septième enfant sous chloroforme en 1853.

Peu après son accouchement, la reine d'Angleterre déclara : « Le docteur nous donna ce chloroforme béni, avec ses effets apaisants, tranquillisant, et absolument délicieux... » Ce royal avis a eu une importance considérable pour casser la sentence biblique qui interdisait même l'évocation d'un accouchement sans douleur. Car la reine Victoria était certes reine d'Angleterre et impératrice des Indes, mais elle était également le chef de l'Église d'Angleterre et à ce titre son exemple devenait décisif.

On pourrait imaginer qu'après cet épisode tout allait devenir simple. Mais l'anesthésie de la reine (on dira longtemps l'anesthésie « à la reine » !) ne permit pas de dénouer en un clin de forceps toutes les réticences pluriséculaires. Au Royaume-Uni, les femmes de religion anglicane firent rapidement valoir ce qu'elles considéraient comme un droit de ne plus souffrir[1]. Mais les catholiques restèrent longtemps sceptiques. La douleur de la femme n'était-elle pas voulue par Dieu ? Simpson, lui-même, fervent catholique de l'Église d'Écosse, fut confronté à toutes ces critiques. En bon débatteur, il répliquait toujours en citant l'extrait de la Genèse dans lequel Dieu avait cru bon d'anesthésier Adam pour la naissance d'Ève : « Le Seigneur Dieu fit tomber un profond sommeil sur Adam, qui s'endormit. Et pendant qu'il dormait, Dieu prit une de ses côtes et forma

1. En France, en revanche, la progression fut plus lente du fait de la réticence des médecins et des préjugés des milieux catholiques. Ce n'est vraiment qu'en 1952 que l'accouchement sans douleur commença à être pratiqué à la maternité des Bluets à Paris, sous l'impulsion du docteur Lamaze et le soutien du syndicat de la métallurgie, auquel appartenait la clinique.

de nouveau la chair à sa place. Et le Seigneur Dieu, une fois qu'il eut enlevé la côte d'Adam, créa la femme ».

Si Dieu lui-même avait pris soin d'anesthésier Adam pour lui extraire sa côte, qui pouvait empêcher les femmes d'accoucher « à la Reine » et sans douleur ? Ce n'était pas plus compliqué que ça…

13.
Mais où est passé l'interne de garde ?

QUEL LIEU EST PLUS SECRET, PLUS MYTHIQUE QUE LA SALLE de garde d'un hôpital ? Lieu magique où l'on imagine des rites initiatiques et des orgies dignes des bacchanales. Lieu de toutes les dépravations des carabins, où l'on se complaît en chansons paillardes et en spectacles osés et déshabillés. Lieu de traditions vieilles comme l'hôpital lui-même, mais devenu fragile comme une espèce menacée. En réalité la salle de garde a toujours eu une fonction toute simple : c'est là où se retrouvent pour manger et (parfois) dormir les internes et les externes de garde. Dès la création de l'internat, ce lieu avait donc toute sa logique et sa fonctionnalité. Bonaparte voulait en permanence un médecin dans les hôpitaux, alors que la cloche de midi les égaillait vers la médecine de ville comme une volée d'hirondelles. Comme leur nom l'indiquait, les internes, eux, ne sortaient pas, ils habitaient la salle de garde.

Mais pourquoi toutes ces légendes, tout ce folklore ? Eh bien tout simplement parce que si l'on peut être très occupé quand on est de garde, il y a en revanche des heures creuses où l'on s'ennuie ferme. Pour occuper le temps et se remonter le moral, les internes se racontaient depuis toujours des histoires légères et ne détestaient pas qu'on poussât la chansonnette. Qu'une invitée au cœur sensible les visitât et la soirée devenait une fête. Ainsi sont nées ces traditions au sujet desquelles on a tant glosé. Sans vouloir faire la psychanalyse des internes, il est certain que la plupart de ces jeunes médecins se trouvaient brutalement confrontés avec la maladie et la mort. Le traumatisme est indiscutable. Il est encore plus aigu en garde où l'interne se retrouve seul à gérer des malades urgents, parfois en détresse vitale ou angoissés par la peur de mourir, exacerbée par la nuit qui vient.

La salle de garde est dirigée par l'économe. Ce haut personnage, interne lui-même, est élu chaque semestre par ses pairs (on dit ses collègues). Et son rôle – qui ne peut être discuté par qui que ce soit – est de faire respecter les traditions, de conserver un esprit de détente et de convivialité et d'organiser les différentes festivités qui ponctuent l'année.

La table est disposée en U et on s'y assoit par ordre d'arrivée selon les règles de la quinconce, pas question de former des petits clans pour y discuter boutique. Toute conversation médicale est formellement interdite pendant le repas. Malheur à celui qui a oublié d'ôter son stéthoscope en sautoir, il est immanquablement « taxé » (en fait, le contrevenant doit faire un gage). Et malheur à celui qui met en évidence tout objet ou papier pouvant rappeler la médecine, il devra lui aussi payer. En salle de garde, on ne salue pas, on se tape sur l'épaule. En salle de garde, on n'a pas de serviette, on s'essuie avec la nappe. En salle de garde, on n'a pas de tire-bouchon, on sabre les goulots, soit avec son couteau, soit avec un vrai sabre qu'on se transmet depuis la nuit des temps. En salle de garde, tant que le café n'est pas sur la table, on ne se lève pas sans l'autorisation de l'économe. En salle de garde, on n'applaudit pas à un bon mot, on demande à l'économe une « battue ». Ce n'est pas qu'applaudir soit interdit, mais ça n'appartient pas aux mœurs : la tradition est de frapper une battue à l'appel de l'économe. Une battue consiste à taper ensemble la table avec un couvert (le couteau le plus souvent) sur le rythme annoncé par l'économe. Malheur à celui qui ignore la séquence de la battue annoncé, malheur à celui qui se trompe. Là encore, la taxe est inéluctable.

Ces rythmes sont très anciens comme la Royale, la Centrale (qui ne se bat qu'à l'Hôtel-Dieu de Paris) et la Périphérique. Ces battues sont un souvenir que beaucoup d'internes actuels ont oublié, rappelant qu'en 1802 il n'y avait qu'un interne de garde à Paris et que le téléphone n'existait pas encore… Dans ses fonctions initiales, l'interne de l'Hôtel-Dieu de Paris devait parfois se rendre au domicile d'un patient et pour cela était appelé par un rythme battu par un tambour. Le rythme permettait de connaître la distance : la Centrale pour l'île de la Cité, la Royale (car à la même distance que la place Royale) pour Paris intra-muros, la Périphérique pour les faubourgs… Le gendarme battait pour appeler l'interne de garde qui le rejoignait dans la cour de l'hôpital pour connaître sa destination exacte. Il n'était évidemment pas question que ce militaire montât en salle de garde ; sa présence eût été sacrilège. Elle l'est toujours avec ses descendants !

Les murs des salles de garde sont décorés par des fresques représentant habituellement des scènes orgiaques plus ou moins explicites dans les détails. Un bon économe trouve un « artiste », en général un étudiant des Beaux-Arts, qui réalise cette décoration pour une somme modique en y immortalisant (le temps d'un semestre) les différents médecins présents dans des poses intéressantes. Ma caricature a elle-même trônée en salle de garde en costume d'empereur d'opérette exhibant au tout-venant ses humbles génitoires.

Il arrive parfois que ces fresques soient réalisées par des artistes talentueux. Par exemple, alors que j'étais externe de garde en chirurgie à l'hôpital Broussais et après une nuit de lutte au bloc opératoire, dernier sorti de l'équipe, je me retrouvais pour prendre un petit déjeuner seul dans la salle de garde, royalement servi par Mme Anne, qui tenait le rôle de cuisinière et de maman. Les murs avaient été passés au blanc depuis quelques jours car on attendait la nouvelle décoration. Arriva alors un petit bonhomme barbichu, très jeune, traînant quelques pots de peinture, des pinceaux et quelques crayons-feutres. Sans me demander ou me dire quoi que ce soit, il se mit au travail, utilisant tables et chaises comme échafaudage improvisé. Sans s'aider d'aucun dessin préparatoire, il se mit à tracer avec une rapidité et une technique prodigieuses une fresque qui représentait une ribambelle de petits cochons roses qui se couraient après, s'enlaçaient et s'enfilaient gaillardement avec des expressions tellement suggestives qu'il n'était pas besoin de sous-titrer. J'avoue que j'étais médusé par tant de talent. Après une heure de travail, il s'alluma une cigarette entre deux doigts dégoulinants de peinture, s'assit un moment sur une chaise et me demanda :

– Ça te plaît ?

Puis il réfléchit un moment sans attendre ma réponse et poursuivit :

– Ce n'est pas exactement ce que m'a demandé ton économe, mais tu lui diras que c'est mieux comme cela.

Je n'ai rien transmis à l'économe, en tant qu'externe je n'avais pas le droit à la parole. Mais je sus plus tard que ce jeune homme s'appelait Reiser et qu'il allait briller par

ses dessins dans *Hara-Kiri*, *Pilote* et *Charlie Hebdo* par son style tendre et cruel à la fois. Ses petits cochons de Broussais n'étaient qu'un prélude à son album *La Vie des bêtes* qui ne parut qu'en 1974. Malheureusement au cours des semestres suivants sa fresque fut effacée et recouverte par d'autres dessins moins talentueux. *Sic transit*…

Parmi les événements d'une salle de garde, il y avait autrefois « le petit concours ». Il ne pouvait être question d'accepter dans un si haut lieu un individu qui n'aurait passé que le vulgaire concours de l'internat organisé par l'administration ; il fallait vérifier ses connaissances par une autre épreuve où il devait montrer qu'il était digne et qu'il avait éventuellement un peu d'esprit. Quand j'ai passé « le petit concours » j'avais tiré comme sujet « Quand serre le rectum », où j'étais évidemment censé reprendre à une autre sauce, si possible drôle et obligatoirement (vu le sujet) un brin scatologique, une des questions de l'internat de chirurgie : « le cancer du rectum ». Il restait dans l'urne trois sujets auxquels j'avais échappé : « Maladie des membranes câlines[1] », « Intérêt de l'électropénissogramme » et « Fièvres vulvaires ». L'économe, vieil interne de pédiatrie, présidait ce jury avec deux assesseurs, qui se plaignaient d'emblée de l'insuffisance de mes lettres de recommandation et m'annonçaient un piètre destin. Je ne me souviens plus des gaudrioles que j'avais pu rassembler, bien que je puisse encore les imaginer. Mon petit concours dut plaire : je fus accepté.

Le tonus est la grande fête des internes. Il est souvent régi par un thème (j'ai vécu des tonus « rois maudits », des tonus « dîners de tête », des tonus « vénitiens » où l'on avait inondé les lieux) et c'est l'occasion de chanter le répertoire

1. Maladie des membranes hyalines…

des chansons paillardes tirées du *Bréviaire du carabin*, dont certaines nous viennent des siècles précédents. Heureux les Caruso du moment, ils se taillent une tranche de gloire le temps d'une soirée. À la fin du tonus il y a le café, les cigares et l'arrivée des femmes de petite vertu.

Quand un interne termine son internat, on organise son « enterrement ». Demain, ce collègue deviendra un « fossile » et n'aura plus, en tant que chef de clinique, qu'un seul droit en salle de garde : celui de se taire ! Mais ce soir-là, tous ses collègues dans les hôpitaux, voire ses patrons, sont invités, pour évoquer sa carrière. Les commentaires vont bon train autour du catafalque et les défauts du moribond sont portés aux plus hauts sommets de la caricature. Il est bon d'avaler toutes ces vérités avec bonne humeur.

Je fus « enterré » à l'hôpital Beaujon. Ce fut une fête magnifique. Je m'en souviens encore.

Parmi les autres festivités, il y a le « dîner de patrons » où l'on invite les chefs de service pour leur sortir leurs quatre vérités, sans qu'ils ne puissent bien entendu s'en formaliser, le temps d'un soir en tout cas. Ces patrons peuvent répondre par le « rendu ». Ils ont alors intérêt à soigner la chère, et les alcools, mais peuvent se venger en qualifiant leurs internes des termes de leur choix.

J'ai été économe de salle de garde lorsque j'étais interne à l'hôpital Fernand-Widal à côté de la gare de l'Est. C'était l'été. L'activité était faible. Et mes administrés s'ennuyaient : ils repeignaient bien régulièrement le buste du pauvre Fernand Widal qui ornait la cour d'honneur des couleurs les plus vives, histoire de se détendre, mais le moral n'y était pas.

– Économe, tu pourrais faire quelque chose pour améliorer notre pauvre vie. Tout le monde est sur les plages et nous on se morfond au dans notre cul de basse-fosse.

C'était vrai. Je fis verser dans la petite cour attenante à l'internat une tonne de sable fin, achetai une piscine gonflable et me procurai deux palmiers en pots et quelques transats pour améliorer les longues soirées de garde du mois d'août. Satisfaction des collègues. Mécontentement du directeur, qui pourtant subit avec philosophie cette installation type « Paris-Plage-avant-l'heure » jusqu'à l'automne.

Les salles de garde et le folklore qu'elles charriaient sont condamnés à mort. Lieu de chahut, lieu d'opposition des médecins contre l'administration. Il était tentant de les remplacer par des réfectoires et autres self-services en prétextant une restructuration et une « modernisation » des locaux. Qui veut tuer son chien dit qu'il a la gale…

Il est vrai aussi que les chansons obscènes et scatologiques, l'arrivée des filles en fin de repas, les cigares et les alcools perdent un peu de leur sens quand plus de soixante pour cent des collègues sont devenus des jeunes femmes, qu'un interne sur trois est marié et père de famille, et enfin que les obligations de formation complémentaire des internes sont beaucoup plus importantes que par le passé, ce qui les oblige à déjeuner en vitesse pour se rendre dans les facultés ou les laboratoires. Enfin, le nombre d'internes à prendre en charge dans une salle de garde est devenu beaucoup plus élevé et nécessite une organisation où la chère Mme Anne et le brave Abdou qui géraient les lieux à Broussais ne suffiraient plus à la tâche.

La fin d'une époque…

14.

Microcosmos

C'ÉTAIT LE 30 AVRIL 1878. CE JOUR-LÀ, PASTEUR DEVAIT prendre la parole devant un aréopage de médecins et de chirurgiens rassemblés dans l'amphithéâtre de l'Académie de médecine. Bien que le lieu fût prestigieux et la salle comble, c'était à peu près tout sauf une partie de plaisir qui l'attendait. Louis Pasteur savait que la majorité des académiciens lui était hostile et ne supportait pas ses théories. Pasteur affrontait un public conservateur, peu enclin à sortir des sentiers battus d'une pratique accumulée au cours de toute une vie.

Pour ces mandarins bien installés et pétris de certitudes, il représentait à la fois l'affront suprême, la tare congénitale et l'insulte indélébile… Tout cela parce que Pasteur n'était pas médecin, il n'était que chimiste. Et ces professeurs de médecine acceptaient mal qu'un « étranger » pût venir pérorer dans « leur » amphithéâtre, et leur donner des leçons, par-dessus le marché…

On a un peu tendance à l'oublier, mais avant de devenir un scientifique de renom planétaire, Louis Pasteur a passé une grande partie de sa vie à tâter... le cul des animaux. Originaire de Franche-Comté, Pasteur avait remarqué que selon la température interne des animaux de la ferme (vaches, veaux, chiens, poules...) des maladies, comme le charbon, pouvaient se développer ou non dans l'organisme... Donc, la température du corps pouvait favoriser le développement d'éléments invisibles et inconnus à l'époque, responsables des maladies. Fort de ce constat, et après quelques années de recherches Pasteur découvrit l'existence et les propriétés des microbes... La suite est connue.

Ce 30 avril 1878, Louis Pasteur, comme toujours, n'hésita pas à entrer dans le vif du sujet avec politesse et déférence, mais avec courage et détermination pour soutenir ses idées. Ce jour-là, c'étaient les chirurgiens qui étaient au centre de ses préoccupations. Il leur dit :

> «Cette eau, cette éponge, cette charpie, avec laquelle vous lavez et vous recouvrez la plaie, y déposent des germes, qui, vous le voyez, ont une facilité extrême de propagation dans les tissus, et entraîneraient infailliblement la mort des opérés dans un temps très court si la vie ne s'opposait à la multiplication des germes. Mais hélas ! Combien de fois cette résistance vitale est impuissante. Si j'avais l'honneur d'être chirurgien, non seulement je ne me servirais que d'instruments d'une propreté parfaite, mais après avoir nettoyé mes mains avec le plus grand soin et les avoir soumises à un flambage rapide, je n'emploierais que de la charpie, des bandelettes, des éponges préalablement exposée dans un air porté à une température de 130° à 150°.»

Bien des assistants à cette conférence croyaient encore que les germes de fermentation, de moisissures, de putréfaction apparaissaient spontanément. On laissait dans un coin un tas de vieux chiffons ou n'importe quel détritus organique et hop, par « miracle », apparaissaient des germes, des champignons, voire des souris. C'était la génération spontanée.

Pasteur se battait depuis toujours pour démontrer que cette idée était absurde et que toute suppuration provenait de microbes qui avaient été apportés soit par l'air, soit par l'eau, soit par les mains des chirurgiens. Pour qu'il y ait suppuration d'une plaie, il fallait qu'il y ait eu avant ensemencement par un germe qui s'y développait. Mais, une fois encore, les chirurgiens français restèrent imperméables à ce qu'ils considéraient comme des théories sans portée pratique pour leur exercice[1]. Nul n'est prophète en son pays, nous l'avons déjà vu, mais heureusement le monde est grand et les esprits brillants et audacieux existent partout, prêts à prendre le relais.

*

* *

Tout le monde pleurait dans la salle d'opération du professeur Joseph Lister à la Royal Infirmary de Glasgow. Ce jour-là, on opérait un jeune charretier qui présentait une méchante fracture ouverte* de la jambe gauche. Le cheval s'était brusquement cabré dans les brancards et le chariot

1. En France, cette méthode sera reprise par Just Lucas-Championnière qui s'était rendu auprès de Lister dès 1869. À son retour, il raconta ce qu'il avait vu, mais ne sut pas convaincre les chirurgiens parisiens, ce qui aurait peut-être permis d'éviter les désastres chirurgicaux entraînés par la guerre de 1870. Les pertes de cette guerre furent horribles. Les taux de mortalité obtenus par les chirurgiens militaires français étaient autour de 75 % et plus. Officiellement il y eut 10 006 morts sur 13 173 soldats blessés qui subirent des amputations, qu'il s'agisse de fracture des membres, des doigts ou des orteils.

en reculant avait renversé le jeune Jerry et avait écrasé sa jambe. Et si tout le monde pleurait – le patron, engoncé dans sa redingote, compris – ce n'était pas pour se lamenter sur le triste sort du patient. On en avait vu d'autres à l'hôpital de Glasgow. C'était plutôt parce que Joseph Lister tentait une nouvelle technique : le spray. Et envoyait grâce à un nébuliseur de l'acide phénique pulvérisé sur tout le champ opératoire.

Depuis déjà plusieurs années, le chirurgien écossais Joseph Lister avait eu l'idée d'appliquer les principes soutenus par Pasteur à l'infection postopératoire qui faisait des ravages dans tous les blocs du monde (près de 60 % des patients opérés s'infectaient). Il avait déjà publié sa théorie et sa méthode en 1867, en les rattachant explicitement aux travaux du Français. En fait, Lister proposa de recourir à l'acide phénique pour détruire ces germes.

Mais pourquoi donc l'acide phénique ? Lister avait découvert dans un article d'hygiène publique allemand l'intérêt de cet acide pour traiter les champs d'épandage municipaux. Quand le produit était répandu, les odeurs d'égouts disparaissaient et le bétail qui paissait alentour n'était pas affecté. Il n'y a pas de hasard et la chance ne sourit qu'aux esprits préparés !

Lister décida donc d'essayer de traiter ses patients avec le même produit sous forme de créosote (phénol). À cette époque, les malades atteints de fractures ouvertes des membres développaient une sévère infection avec constitution d'un pus abondant et mouraient fréquemment. À leur décharge, la plupart des chirurgiens de l'époque pensaient sincèrement que la présence de ce pus était nécessaire à la cicatrisation... S'ils décidaient d'opérer (c'est-à-dire d'amputer), le taux de mortalité tournait autour de 40 %. Lister utilisa d'abord des compresses imbibées d'acide phénique

JOSEPH LISTER

dans les fractures ouvertes de jambe et il constata la guérison de ses patients sans écoulement purulent. Il étendit le principe à toute sa pratique chirurgicale et il constata que les malades opérés de hernies ou d'affections de l'abdomen ne s'infestaient plus et guérissaient rapidement. Alors – il en est ainsi des esprits méthodiques – il entreprit d'utiliser le phénol pour tout ce qui touchait le patient, les instruments de chirurgie, les tabliers du chirurgien et de ses aides, les compresses. Le catgut* lui-même était phéniqué ainsi que les tuyaux pour le drainage* des plaies. Puis il ajouta pour faire bonne mesure, pendant l'opération elle-même, des pulvérisations phéniquées dans la salle d'opération et sur le personnel, ce qu'il appelait le « spray ».

Et voilà pourquoi ce jour-là tout le monde pleurait et reniflait dans la salle d'opération du professeur Lister.

Mais le résultat était là et la septicémie, l'érysipèle et tout ce que l'on nommait avant « pourriture d'hôpital », disparurent du service de Glasgow. Lister publia en 1869 ses résultats : la mortalité opératoire était passée de 60 % à 15 % ! Un record !

Dans une lettre de 1874, il rendait hommage à Pasteur en lui écrivant : « Pour m'avoir, par vos brillantes recherches, démontré la vérité de la théorie des germes de putréfaction, et m'avoir ainsi donné le seul principe qui ait pu mener à bonne fin le système antiseptique. »

*

* *

Mais les travaux de Pasteur allaient beaucoup plus loin que l'antisepsie proposée par Lister. Il proposait en fait l'asepsie, c'est-à-dire l'absence totale de germes dans tout ce qui devait toucher le malade. Il fallait donc être capable de stériliser le linge, les instruments de chirurgie, laver à grande eau additionnée d'antiseptique les salles d'opérations, séparer les patients contagieux :

> « Qui aurait pu prévoir en 1856 qu'un professeur de chimie de province, qui n'avait jusque-là jamais étudié ni la médecine ni même la biologie, serait trente ans plus tard l'acteur d'un renouvellement si complet des théories médicales et des méthodes chirurgicales que son œuvre s'inscrira dans les mœurs, les lois, les écoles de la plupart des pays d'Europe et même du monde entier ?[1] »

Cela supposait une nouvelle conception de l'hôpital qui allait se mettre en place (délais obligent) vers le début du XXe siècle. Des hôpitaux pavillonnaires dont les bâtiments largement séparés sur de vastes espaces cherchaient à éviter la contagion, avec des salles d'opération modernes comportant des autoclaves permettant la stérilisation par la chaleur, avec de l'eau facilement accessible dans tous les services. Ainsi furent pensés et construits, à Paris, l'hôpital Boucicaut, l'hôpital Claude-Bernard, Bichat, Broussais et la Pitié.

*

* *

À l'hôpital Claude-Bernard à Paris, où étaient hospitalisés de nombreux enfants atteints de maladies infectieuses, chaque chambre donnait sur une galerie extérieure et les médecins qui faisaient leur visite ressortaient vers la courtine extérieure entre chaque patient.

1. Jean-Noël Biraben, *Essai sur l'évolution du nombre des hommes*, 1979.

– Était-ce efficace ?

– Oui, nous répondait le professeur Bastin, grand patron des lieux, dont je suivais la visite avec la bande des stagiaires. Cela évite la contagion de patient à patient. Sauf pour la varicelle. Retenez, jeunes gens, disait-il le doigt pointé en l'air, le virus de la varicelle passe sous les portes !

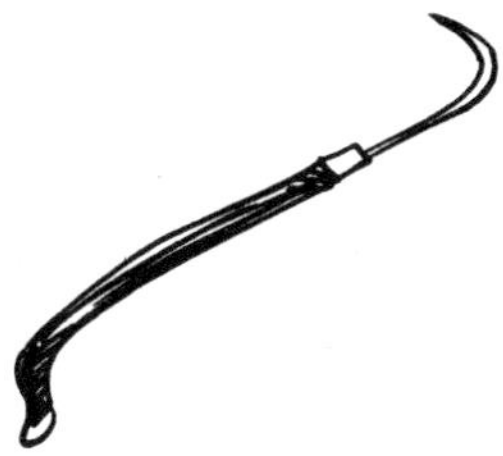

15.

Si Duchesne n'avait pas été malade…

QUI CONNAÎT ERNEST DUCHESNE[1], MÉDECIN MILITAIRE DE la fin du XIXe siècle ? Bien peu de monde, même chez les médecins. Pourtant, il avait de grandes qualités. À première vue, il était d'ailleurs plutôt bel homme, ce militaire-là. On a gardé de lui des portraits posés où il apparaît à son avantage, serré dans la tenue rouge garance de son uniforme de médecin-major. Petite moustache fine, cheveux courts, képi sur la tête, épée au ceinturon. Ernest Duchesne fut-il comme des milliers d'autres hommes un de ces héros anonymes, jetés dans la fournaise de ces guerres épouvantables qui plongèrent la France et sa voisine teutonne dans un suicide collectif ? Même pas. Ernest Duchesne n'en eut pas le temps, il mourut en 1912, avant la Grande Guerre, à l'âge de 37 ans.

Alors pourquoi parler de lui aujourd'hui ?

C'est terrible à dire, mais parce qu'il représente sans doute un des plus grands « ratés » de la recherche médicale

1. S'écrit aussi : « Duchêne ».

française. Racontons donc brièvement cette histoire : le petit Ernest passa son enfance sur les bords de la Bièvre, qui, à l'époque, coulait encore en plein ciel dans Paris. Oh, rien de bucolique à ce tableau, car ce quartier qui jouxtait les Gobelins était un des plus toxiques de la capitale, empesté par l'odeur pestilentielle des tanneries. Or le père d'Ernest possédait justement une entreprise de tannerie, et c'est au milieu des putréfactions et des trempages de toutes sortes de peaux et de cuirs que le jeune garçon commença à chercher sa voie. Ernest était bon élève, très tôt attiré par « l'histoire naturelle », comme on disait alors, matière où il fut présenté au concours général. Et peu à peu sa vocation s'affinait : médecin, il serait médecin.

Ce fut sans doute grâce à un coup de pouce du grand Calmette, vieil ami de la famille, qu'il intégra l'école du Service de santé de Lyon. Et ce fut pendant ses études qu'il rencontra son maître, Gabriel Roux, bactériologiste des premières heures, qui l'orienta vers la microbiologie et lui proposa d'étudier un sujet un peu marginal : un possible antagonisme entre les microbes et les moisissures.

Duchêne s'y jeta avec passion. Il étudia en particulier l'interaction entre *Escherichia coli*, germe vedette des laboratoires, celui qu'on nomme communément le « colibacille », et une moisissure banale, le *Penicillium glaucum*, sorte de champignon microscopique et vulgaire, qui remportait systématiquement tous les duels lorsque les deux protagonistes étaient confrontés dans l'arène lilliputienne des boîtes de Pétri.

Plus fort encore, Duchesne aura la bonne idée de traiter des cobayes avec le *Penicillium* puis de leur injecter des doses mortelles de bacille de la typhoïde. Et, ô miracle, les animaux traités survivaient alors que les animaux qui n'avaient pas connu l'injection salvatrice mouraient[1].

Ce que venait de démontrer Duchêne – cinquante ans avant Fleming –, c'est le rôle de la pénicilline, c'est-à-dire la découverte de l'antibiothérapie. Sa thèse *Contribution à l'étude de la concurrence vitale chez les micro-organismes : antagonisme entre les moisissures et les microbes* fit grand effet. Il la soutint le 17 décembre 1897 et obtint tous les honneurs possibles : note : 20/20, félicitations du jury, mention : « très bien » et citation à l'ordre du Service de santé militaire. Tout semble aller pour le mieux dans le meilleur des mondes. La médecine allait faire un

1. Expérience que ne fera pas Fleming en son temps et qui retarda encore considérablement l'avènement de la pénicilline.

pas de géant… Dans le dernier paragraphe de sa thèse, Duchesne notait : « On peut donc espérer qu'en poursuivant l'étude des faits de concurrence biologique entre moisissures et microbes, étude seulement ébauchée par nous et à laquelle nous n'avons d'autre prétention que d'avoir apporté ici une très modeste contribution, on arrivera, peut-être, à la découverte d'autres faits directement utiles et applicables à l'hygiène prophylactique et à la thérapeutique. »

Un homme à la fois modeste et visionnaire.

Malgré cette entrée en fanfare, bien que paré, semble-t-il, de tous les oripeaux d'une potentielle gloire future, les travaux de Duchesne sombrent rapidement et irrémédiablement dans l'indifférence totale.

Alors la question qui se pose à l'évidence est bien : pourquoi ? Y a-t-il une explication à cet abandon prématuré d'une observation géniale et prometteuse, qui va devenir dans d'autres mains une des plus importantes innovations du XXe siècle ? La première raison est sans doute la suite de la vie d'Ernest Duchesne. Qu'on en juge… À peine sa thèse soutenue, Duchesne est appelé à réaliser son année d'application au Val-de-Grâce, spécificité des études d'un médecin militaire. Il est ensuite affecté comme aide-major de 2e classe au 2e régiment de hussards cantonné à Senlis. Mais Ernest est amoureux, il a 20 ans et il s'est amouraché d'une belle Provençale. Elle s'appelle Rosa, Rosa Lassalas. Elle est cannaise, originaire d'Algérie, et habite sur la Croisette, elle a 20 ans également. Ils se marient en janvier 1901 dans sa famille, à Cannes. À partir de ce moment les drames vont s'enchaîner très vite. Rosa est tuberculeuse, elle doit partir dans un sanatorium en Suisse où elle meurt deux ans plus tard. Pour Ernest, c'est le drame, il est terriblement touché et ne parvient pas à rebondir, d'autant plus qu'il est lui aussi malade. Et en quelques années, où il traîne sa peine et sa fatigue, il va rejoindre Rosa au cimetière du Grand-Jas de Cannes. Tous ces événements, à l'évidence, l'empêchèrent de retourner vers les laboratoires et de poursuivre le travail commencé dont il avait pourtant réclamé la continuité...

Plus étonnant sans doute : pourquoi Gabriel Roux, le professeur de bactériologie qui lui a donné le sujet de sa thèse, ne reprend pas le flambeau de ce travail et ne le confie pas à un autre thésard ? Il ne cite même pas Duchesne, quand, lors d'une promotion, on lui réclame la liste des « titres et travaux* », comme s'il considérait ce sujet sans aucune importance : « Gabriel Roux n'a pas eu la perspicacité de faire continuer les travaux de son élève, de les diffuser par une publication. Nulle inscription ne le rappelle, nulle voie urbaine n'a été attribuée à leurs noms, et c'est grand dommage. [...] Par le silence de Roux, aucun de ses élèves n'a repris aussitôt les expériences de Duchesne de décembre 1897, pourtant si suggestives[1]. »

Mais Roux ne fut pas seul en cause. Lépine, le grand professeur de la clinique médicale de la faculté de Lyon, présidait la thèse de Duchesne. Kelsch, le directeur de l'École du service de santé militaire, et Hyacinthe Vincent, un bactériologiste renommé, sont tous deux informés des travaux d'Ernest ; ils sont professeurs au Val-de-Grâce et membres

1. Sources : Camelin A. et Salle M., « G. Roux et E. Duchesne, quelques précisions sur les débuts manqués de l'antibiothérapie à Lyon », *Lyon thérapeutique*, 1er mars 1974. « G. Roux où pourquoi la pénicilline ne fut-elle pas découverte à Lyon », *Lyon médical*, décembre 1969, numéro spécial centenaire. « Allocution commémorative de la naissance d'E. Duchesne, Cannes, 1er juin 1974 », Lyon-Val, 1974, n° 24. Sepetjian J., Médecin général inspecteur, commandant l'École de service de santé de Lyon-Bron, « Allocution lors du baptême de la promotion 1983 ».

de l'Académie de médecine. Tous ces patrons ne sont-ils pas passés à côté de leur devoir qui consiste non seulement à juger mais à induire de nouvelles recherches ? Même le jeune Institut Pasteur est informé des résultats de Duchêne et ne rebondit pas sur cette découverte, obnubilé sans doute par d'autres recherches.

Si l'on voulait jouer au jeu des « si », on écrirait : *si* Duchesne n'avait pas été malade, *si* Gabriel Roux son patron avait eu plus de constance dans les recherches qu'il induisait auprès de ses élèves, *si* certains hommes, sans doute tout à fait respectables, avaient eu plus d'intuition, de vision ou tout simplement d'opiniâtreté, la découverte de la pénicilline aurait été française, ce qui n'est finalement pas très important, mais surtout elle aurait eu lieu avant la guerre de 1914-1918 et aurait sans doute permis de traiter de nombreuses blessures de cette horreur meurtrière. Parfois, la légèreté des hommes tue plus que les balles de l'ennemi…

Quant aux mérites de Duchesne, il fallut attendre soixante-dix-sept ans pour que, à l'initiative de l'Amicale des élèves et anciens élèves du Val-de-Grâce et de l'École du service de santé des armées, une cérémonie ait enfin lieu, à l'occasion du centenaire de sa naissance, en déposant une plaque sur sa tombe en 1974 :

Au Médecin-Major Ernest Duchesne
1874-1912
Précurseur de l'antibiothérapie en 1897.
Les Anciens Élèves du Val-de-Grâce et de l'École de Lyon,
1974

16.

Les oubliés de la médecine humanitaire…

LA MÉDECINE HUMANITAIRE, QU'IL EST BIEN DIFFICILE de définir, comme nous l'avons vu, peut se targuer d'au moins trois Prix Nobel de la paix : Henry Dunant et la Croix-Rouge en 1901 (premier prix Nobel de la paix de l'Histoire), Albert Schweitzer en 1952 et Médecins sans frontières en 1999. Brillant palmarès qui couvre de nombreuses facettes de l'action au service des hommes, plongés dans la guerre, écrasés par une catastrophe naturelle ou plus prosaïquement misérables d'être nés là où il ne fallait pas. Et pourtant, comme souvent dans les allées de la gloire, restent sur le bas-côté quelques inconnus dont personne ne parle ni ne se souvient. On peut les appeler les « oubliés de la médecine humanitaire » !

Parmi tous ces ignorés, j'ai un faible particulier pour ces sans-grade (malgré leurs épaulettes) que furent les médecins militaires des troupes coloniales, qui représentaient la médecine française quand nous occupions l'Afrique, Madagascar et l'Indochine. À notre époque où l'on aime se flageller en évoquant notre passé d'horribles colonisateurs, il peut être bon de rappeler que sans tambours ni trompettes, avec des moyens de misère, ces médecins militaires prirent soin des populations indigènes dont ils avaient la charge avec souvent dévouement et perspicacité, se plongeant dans les interrogations de pathologies inconnues qu'ils furent fréquemment les premiers à décrire et à soigner. Certains laissèrent leurs noms dans nos mémoires, comme Yersin ou Calmette dans le sillage du grand Pasteur ou comme Christiaan Eijkman, obsédé par le béri-béri qu'il observa dans les bagnes des Indes néerlandaises[1]. Mais la plupart ne laissèrent pas leur nom dans l'Histoire.

Le casque colonial ne fait plus recette. Peut-on parler de médecine humanitaire pour évoquer l'action de ces colons, militaires souvent, racistes parfois, qui soignèrent les hommes malades d'un nouveau monde encore ignoré ? Oui, sans doute, bien que ces mots n'aient pas grand sens dans ce début du XXe siècle. Mais en tout cas il s'agit bien d'une médecine au service de l'humanité tout entière. Des populations immenses et dispersées, des malades dont on ne comprend pas la langue et surtout la mauvaise surprise de maladies dont on ignore tout. Voilà pour l'ambiance !

Et parmi ces maladies qui marquent le médecin comme le profane, à côté de la peste, du choléra et de la méningite, les médecins coloniaux découvrent au début du XXe siècle une maladie inconnue, mystérieuse à souhait sous le ciel plombé d'Afrique : la maladie du sommeil.

L'Occident avait conquis le monde et on récupérait ses horreurs ! C'était une nouvelle maladie, effrayante dans son aspect mais encore mystérieuse dans son cheminement. Les

1. Aujourd'hui l'Indonésie.

magazines « à sensation » de l'époque pouvaient se repaître d'images saisissantes montrant ces zombies qui survivaient en se traînant, dans un état qui oscillait entre l'obnubilation et le coma… Même le grand reporter Albert Londres évoquait dans ses écrits, ces « fantômes grisâtres qui émergent de la forêt ». Tous imaginaient la mouche tsé-tsé comme un insecte diabolique qui injectait, par son dard brûlant, l'horreur d'un parasite inconnu. Les grandes revues de médecine tropicale pouvaient alors consacrer plus de la moitié de leurs articles à ce nouveau fléau qui excitait les chercheurs et inquiétait ces « bâtisseurs d'empires »[1].

C'est dans ce contexte qu'il faut parler d'Eugène Jamot.

Mais qui connaît encore Eugène Jamot, « l'homme qui va réveiller les Africains » ? Médecin à la faculté d'Alger puis de Montpellier, il s'installe d'abord dans la Creuse où il exerce la médecine générale, quand, en 1910, il décide de passer le concours d'entrée du corps de Santé des troupes coloniales. De la Creuse à l'Afrique ? De la Corrèze au Zambèze ? Goût de la promotion militaire, désir de voyager, espoir d'apporter la médecine à des populations défavorisées que l'on se doit d'assister ? Quelles que soient ses raisons profondes, voici Eugène à l'École du Pharo de Marseille[2], où l'on tente de mettre dans les têtes des futurs médecins officiers l'ensemble de la pathologie tropicale, en tout cas celle que l'on connaît un peu.

À la sortie de l'école, Jamot est affecté comme sous-lieutenant au Tchad. Mais quelque chose au fond de lui l'attire plus loin. Il ne sait pas encore quoi, mais ce dont il est certain, c'est que sa vie sera animée par une grande

1. Trois Nobel de médecine, Koch (1905), Laveran (1907) et Ehrlich (1908) s'y intéressèrent en même temps.

2. Aujourd'hui, Institut de médecine tropicale du service de santé des armées (IMTSSA).

idée, un grand projet au service des hommes. C'est ce qu'il pense, rongeant son frein dans son infirmerie de garnison, quand le destin frappe à sa porte au détour d'un stage qu'il doit effectuer à l'Institut Pasteur de Paris. C'est là, dans le laboratoire de Mesnil, qu'il découvre la maladie du sommeil et tout le falbala mystique qu'elle traîne à ses basques.

Il apprend que David Bruce vient de découvrir quelques années auparavant le trypanosome, c'est-à-dire le parasite responsable de la maladie, et que l'on connaît cet insecte redoutable qu'est la mouche tsé-tsé. Ces découvertes sont formidables, mais les malades… qui s'en préoccupe ? Tout reste à faire dans les territoires de pandémies où la fameuse mouche fait des ravages. Et ces pays ne sont-ils pas sous la responsabilité de l'Empire colonial, c'est-à-dire sous la responsabilité de la République française ? Eugène a compris sa voie. Cette vocation qu'il attend et qui l'a poussé vers les troupes coloniales. Plus qu'une mission qui s'impose, Jamot sait qu'il va en faire son devoir : il sera l'homme qui réveillera les Africains du sommeil de la mouche tsé-tsé.

Mais pour le moment, c'est l'heure des combats et il faut chasser les boches de leurs positions africaines. Eugène fait une guerre héroïque à la hauteur de l'officier de l'armée française qu'il est. Quand tout cela est terminé, il va enfin pouvoir passer aux choses sérieuses et il demande son détachement du ministère de la Guerre pour se consacrer uniquement à cette trypanosomiase encore mystérieuse qui continue de provoquer à la fois la peur et le sourire.

En fait, si l'on cherchait un peu, cette maladie était reconnue et endémique en Afrique équatoriale depuis des siècles. Ceux qui en étaient atteints finissaient par mourir de troubles de l'humeur avec perte de l'appétit dans un état de somnolence confinant au coma, d'où le nom de la maladie. Ce fut alors que Jamot comprit qu'il s'agissait en réalité d'un véritable problème de santé publique qui ne pourrait qu'être traité que sur le terrain. Son idée était simple, tellement simple qu'elle ne pouvait susciter que des oppositions. Pour arrêter la propagation de la maladie, il choisit de s'attaquer au trypanosome dans son repaire humain plutôt qu'à son vecteur. Jamot est un médecin dans l'âme, il faut soigner l'homme malade plutôt que s'attaquer aux tsé-tsé, avec des moyens qu'il n'a d'ailleurs pas. Mais ce choix exige d'aller partout et de visiter toute la population, même celle qui est « au bout du chemin » et éloignée de tout, pour la soigner et éradiquer le réservoir de la maladie. Travail colossal. Les territoires sont immenses, et Jamot est seul.

Nous sommes en 1921, casque colonial blanc sur la tête, le médecin-capitaine Jamot s'enfonce dans la brousse et la forêt du Cameroun, seulement accompagné de deux infirmiers et de quelques porteurs indigènes, pour acheminer son matériel, ainsi que microscopes et médicaments. Jamot comprend qu'il faut chercher les sommeilleux dans les villages car leur état rend impossible leur déplacement vers un poste médical avancé ou *a fortiori* vers un hôpital. Mais le territoire est immense, plus de 100 000 km^2. Pourtant le capitaine Jamot a foi en sa méthode. Il n'y a qu'un moyen, aller directement de village en village, pratiquer l'examen systématique de toutes les populations, faire les diagnostics des cas suspects, son microscope traquant les coups de flagelles du trypanosome, et son œil examinant les chancres et les ganglions des sommeilleux. Et surtout commencer immédiatement le traitement. Terrible quand les territoires sont aussi grands, aussi inhospitaliers et qu'on est seul, un casque en liège sur la tête pour toute protection.

Mais rien ne peut arrêter Jamot ! Il commence dans la région du Haut-Nyong. En un an, il trouve 33 537 trypanosomés, soit 29,7 % de la population. Il prospecte le nord du

EUGÈNE JAMOT

Cameroun, de septembre 1923 à février 1925, entre Logone et Chari (214 villages contaminés, 29 366 habitants visités, 1 948 malades dépistés et traités). Mais c'est dans le Sud-Cameroun, entre 1925 et 1926, qu'il montre que le péril est encore plus grave qu'au nord. Sur 663 971 personnes examinées, soit 80 % de la population en danger, 115 354 (soit 17 %) seront reconnues trypanosomées et traitées sur place dans les cinq années à venir.

Grâce à cette comptabilité d'apothicaire, il a rassemblé les arguments pour convaincre les autorités de tutelle (comme on dit dans les antichambres ministérielles) de la gravité du fléau. Aidé par Marchand, alors commissaire de la République au Cameroun, il parvient même à obtenir quelques moyens. Et les missions en brousse peuvent repartir. En 1926 le ministre des Colonies, Maginot, nomme Jamot directeur de la « mission permanente de Prophylaxie » de la maladie du sommeil.

Après tout ce travail, on peut considérer que dans les années 1930 l'endémie de trypanosomiase du Cameroun est jugulée. Le président de la République, Alexandre Millerand, désigne Jamot comme « Bienfaiteur de l'Humanité ». L'Académie des sciences lui attribue son prix. Il est promu colonel et est élevé au rang d'officier de la Légion d'honneur. C'est son instant de gloire. Si elle n'est pas factice, elle n'est pourtant que temporaire. Il en est ainsi des hommes d'exception : leur destin mérite sans doute la reconnaissance suprême, c'est-à-dire l'ingratitude des siens.

Le coup fatal vint de Jamot lui-même, qui couvrit par son autorité l'erreur d'un de ses jeunes confrères placé sous ses ordres. Par certains aspects, cela est logique chez un chef qui possède un tant soit peu le sens de l'honneur, mais de l'autre côté, c'est la mise à feu des frustrations et des jalousies de ceux qui hantent les ministères et qui n'ont jamais pu supporter le franc-parler et le courage de la méthode Jamot. On assiste ainsi à l'enchaînement de la disgrâce et des blâmes qui s'accumulent sur la tête d'un homme d'exception. Les missions sont annulées. Le gouverneur de l'Afrique équatoriale française, son ennemi personnel, pousse le bouchon jusqu'à nier l'existence même de la maladie du sommeil. On le confine, lui, l'homme des grands espaces, à rédiger des rapports dans les bureaux des garnisons de Haute-Volta[1].

Jamot n'a plus qu'une sortie: prendre sa retraite de médecin militaire. Quitter l'Afrique et les Africains qu'il a tant aimés. On le retrouve comme au début de sa carrière, médecin dans la Creuse, à Sardent, où il ne survivra que quelques années en pensant aux sommeilleux et à leur mouche tsé-tsé.

1. Aujourd'hui, le Burkina-Faso.

17.

L'étrange découverte de la pénicilline…

DANS LE MONDE MÉDICAL, ET NOUS L'ESPÉRONS UN PEU partout ailleurs, tout le monde connaît sir Alexander Fleming. Le 10 décembre 1945, Alexander Fleming, Howard Florey et Ernst Chain reçurent le prix Nobel pour leur découverte de la pénicilline. Or, si chacun connaît Fleming, peu de gens savent qui étaient Florey et Chain.

Tout commence le 3 septembre 1928. Le docteur Alexander Fleming, bactériologiste au St Mary's Hospital, de Londres revient de vacances et observe des moisissures sur des boîtes de cultures de staphylocoques qu'il avait oubliées sur sa paillasse en partant. Son attention est attirée par le fait qu'au contact de ces moisissures les colonies de *staphylo* sont presque totalement effacées. Il repique alors la moisissure pour la cultiver et fixe sa boîte par la vapeur de formol (aujourd'hui conservée au British Museum).

Cette boîte est d'une grande importance. En effet, et sans le savoir, Fleming vient de découvrir la pénicilline. Il cultive donc ce champignon qui est le *Penicillium notatum* (d'où le nom...) et il s'aperçoit qu'il peut détruire des colonies de nombreux germes, le *staphylocoque* bien sûr, mais aussi le *speptocoque*, le *méningocoque*, le *gonocoque*, le *pneumocoque* ou le bacille de la diphtérie. En revanche il n'y a pas d'effet sur le bacille de la typhoïde et de quelques autres bactéries. Il remarque aussi que, contrairement à un antiseptique comme le phénol, ce champignon n'agit que très lentement.

Mais que cela voulait-il dire ? Tout simplement que par cette substance n'avait rien à voir avec un antiseptique connu et qu'elle agissait d'une autre façon que la destruction directe des bactéries.

Fleming et ses assistants parvinrent assez rapidement à obtenir un extrait de pénicilline et commencèrent à les tester cette fois chez les animaux de laboratoire. Comme Duchesne l'avait observé quelques décennies auparavant, ils constatèrent alors que la pénicilline n'était pas toxique chez les organismes vivants, mais ils remarquèrent également que son activité disparaissait en présence de sang en une demi-heure environ chez l'animal sain.

C'est alors que Fleming commit une erreur majeure, car il conclut que la pénicilline ne pouvait être utilisée pour combattre les infections puisque son action semblait trop éphémère chez des organismes sains, et il omit de tester son activité chez des organismes infectés. Il ne l'utilisa (d'ailleurs avec un succès mitigé) que dans des infections locales, comme s'il s'agissait d'un banal antiseptique, et publia un article qui passa totalement inaperçu dans le *British Journal of Experimental Pathology*. Si bien qu'on oublia la pénicilline pendant dix ans...

Terrible constat quand on pense aux vies qui auraient pu être sauvées... Mais qui donc est responsable de la résurrection de la pénicilline ? D'abord deux chercheurs, susnommés, Florey et Chain, et ensuite la guerre...

ALEXANDER FLEMING

Florey et Chain, qui avaient lu l'article de Fleming, s'intéressaient à l'action de la pénicilline et notaient l'insuffisance du travail expérimental de Fleming. Cherchant à obtenir de l'argent pour mener à bien leurs recherches, ils finirent par en obtenir par la Rockefeller Foundation à New York après une demande malheureuse au Royaume-Uni, où on ne leur consentit que 100 livres sterling !

Florey et Chain poursuivent l'expérience que Fleming n'avait pas faite et utilisent la pénicilline chez des animaux infectés par le streptocoque. Et là, miracle, tous les animaux traités survivent alors que les autres meurent. Ils publient ces résultats dans le *Lancet* du 24 août 1940 et veulent commencer les expériences sur des humains. Malheureusement, l'approvisionnement en pénicilline reste un grave problème puisqu'il faut pour un seul traitement chez l'homme deux mille litres de filtrat de *penicillium* ! Les premiers résultats expérimentaux vont être spectaculaires, mais il devient clair qu'il faut passer à l'étape industrielle pour obtenir un médicament facilement utilisable.

Et c'est là que la guerre intervient.

Désormais, l'obtention de la pénicilline devient une priorité nationale pour soigner les blessés. Priorité pour l'Angleterre ? Non, pour les États-Unis qui viennent d'entrer en guerre après Pearl Harbor et dont l'industrie pharmaceutique (Merck, Squibb et Pfizer) est chargée de produire en masse la pénicilline. En juin 1943, on produira 425 millions d'unités par mois, soit de quoi traiter 170 patients.

Et Fleming dans tout ça ? Le hasard de l'Histoire a voulu qu'il lui revienne le privilège de prescrire pour la première fois de la pénicilline à un des premiers patients traités en 1942, dans le cadre des travaux de… Florey et Chain. Son patient Harry Lambert était atteint d'une méningite à streptocoque. Florey lui fournit le médicament et le malade guérit sans séquelles. Désormais, plus rien ne s'oppose à la généralisation de la pénicilline auprès du grand public. Un petit pas pour la médecine, un grand bond pour l'humanité.

Fort logiquement, le 10 décembre 1945, Fleming, Florey et Chain reçoivent la récompense suprême pour leur découverte de la pénicilline, mais sans les travaux de Florey et de Chain il n'y aurait pas eu de prix Nobel pour Fleming...

18.

Le pavillon des femmes…

VERS LA FIN DES ANNÉES 1960, BIEN DES HÔPITAUX DE Paris et d'ailleurs avaient conservé l'aspect du début du siècle. Grands bâtiments pavillonnaires en briques, vastes couloirs carrelés en brun et blanc et, bien sûr, salles communes d'hospitalisation. Lors d'un de mes premiers stages d'externe à Bichat, j'avais été affecté à la salle des « fausses couches ». Grande salle polygonale où les lits, une vingtaine environ, étaient disposés de telle façon que toutes les patientes se voient entre elles. Pour l'intimité, il y avait à redire !

Les patientes hospitalisées dans cette salle représentaient assez bien une des facettes les plus noires de la détresse humaine, entre celles qui venaient d'avorter et à qui la faiseuse d'anges avait suggéré de se faire hospitaliser au plus vite pour effectuer le curetage salvateur, les prostituées habituées des lieux et les quelques gamines qui poursuivaient le chemin expiatoire des conséquences de leurs premières amours clandestines. Car à l'époque, on l'oublie trop vite, la pilule n'existait pas, l'avortement était encore un crime et les femmes de cette salle niaient toutes le caractère provoqué des manœuvres.

Nous, les médecins, avions encore été élevés dans les grandes règles prônées par la politique nataliste qui avait suivi la guerre de 1914-1918. Je revois mon dossier de préparation à l'internat; il était inscrit en rouge sur la couverture: «Avortements criminels». La loi Veil, autorisant l'avortement en France, ne sera promulguée que le 17 janvier 1975.

J'avais 20 ans, mon stéthoscope flambant neuf dans la poche de mon tablier et seulement protégé par ma blouse blanche je devais pénétrer dans cette salle. L'ambiance était chaude et les quolibets fusaient ainsi que les plaisanteries douteuses des habituées. Je dois avouer qu'avant de franchir la porte je marquais chaque matin un temps d'arrêt. Des infirmières chevronnées, portant galon sur leur coiffe, tenaient les lieux mais avaient abandonné l'idée d'y maintenir une quelconque discipline. Mon rôle, bien modeste, était de recueillir par l'interrogatoire les circonstances de la fausse couche. Peine perdue puisque toutes me racontaient des carabistouilles. L'autre tâche qui m'était dévolue était, éventuellement, d'examiner les «entrantes». Évidemment il fallait faire un toucher vaginal. Pas de salle d'examen particulière pour préserver la pudeur et l'intimité. Tout se passait dans la salle, à la vue et au su de toutes, le drap soulevé par l'infirmière servant de modeste paravent... Je passe encore aujourd'hui sur le contenu des commentaires et sur le bruitage graveleux qu'entraînait ce genre de situation.

Ce stage fut un calvaire.

Pourtant, j'en ai gardé un grand respect pour les femmes et une grande compassion devant les pathologies et les conséquences parfois dramatiques de leur féminité. Cette

situation n'existe plus actuellement. En quelques décennies un immense travail d'aménagement, de rationalisation et d'humanisation a été effectué dans les hôpitaux français sans trop de trompettes ou tambours, comme si cela allait de soi. Mais l'effort a cependant été gigantesque.

*
* *

L'hôpital Bichat avait été ouvert en 1882 dans l'ancien poste de caserne d'octroi du Bastion 39 situé porte de Saint-Ouen. Cette année-là, on ne savait plus où mettre les patients à Paris. En effet, la destruction récente des bâtiments du vieil Hôtel-Dieu sur le Pont-au-Double avait entraîné un manque criant de lits pour tous les pauvres de Paris. Quant à l'hôpital Bichat que j'ai connu au début de ma carrière, il ne fut construit qu'en 1928. Il s'agissait bien sûr d'un hôpital pavillonnaire (six pavillons de deux étages) où se distribuaient médecine, chirurgie et maternité, comportant en tout près de mille lits. Pour la première fois, l'architecture des bâtiments tenait compte des grandes idées pasteuriennes qui prônaient l'hygiène et la lutte contre le grand fléau du temps : les maladies infectieuses... Tous les hôpitaux construits à la même époque étaient de ce type, comme Broussais et Claude-Bernard. Comme toujours, nul n'est prophète en son pays, et les travaux de Pasteur mirent du temps à s'imposer... Pour comprendre, il faut se replonger dans l'air du temps. Les médecins du début du XXe siècle ne se préoccupaient pas du cancer ou de l'infarctus du myocarde. Le cancer des poumons, l'un des plus grands tueurs de notre temps, n'existait pour ainsi dire pas en France en 1900... Leur problème, c'étaient les microbes ! Ils n'avaient pas de traitement, pas d'antibiotiques, ils n'avaient qu'une façon de lutter contre la maladie et la contagion : l'isolement[1]. D'où la construction d'hôpitaux pavillonnaires dont nous avons hérité, mais dont la justification profonde avait perdu une grande partie de son sens dans les années 1960 et *a fortiori* aujourd'hui pour ceux qui persistent...

Quant à l'hôpital Bichat actuel, construit à côté de ce site, il ne fut ouvert qu'en 1980 et domine le boulevard périphérique parisien. Bel exemple d'air frais et pur ; le grand Pasteur en aurait fait une crise cardiaque. Mais maintenant on a les antibiotiques, et les microbes ne nous font plus peur, du moins, si l'on n'utilise pas les antibiotiques de façon inconsidérée...

1. Aujourd'hui seulement 2 % des patients (même si c'est encore trop !) meurent de maladies infectieuses en France...

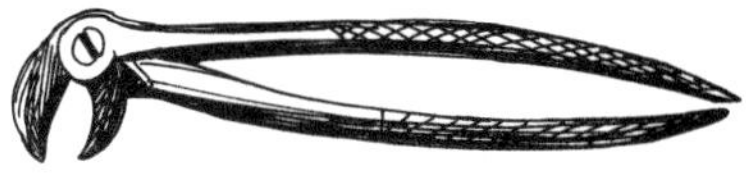

19.

Les bonnes sœurs de Boucicaut

Je fus interne en chirurgie dans le service de Raymond Vilain à l'hôpital Boucicaut. Cet hôpital, construit en 1897 par l'Assistance publique grâce au legs de la veuve d'Aristide Boucicaut, le fondateur du Bon Marché, était à l'origine tenue par les sœurs augustines. Dans le début des années 1970, elles y étaient encore…[1] Et les voiles blancs s'agitaient dans les couloirs pour répondre à l'appel des malades. Elles étaient toutes infirmières. Certaines étaient d'excellentes professionnelles et faisaient avec patience les pansements des brûlés qui constituaient un des recrutements privilégiés du service. D'autres moins techniciennes distribuaient les médicaments et entouraient les patients de leur compassion.

Le patron de ce service, qui avait fait de la lutte contre les infections un des grands axes de sa stratégie hospitalière, clamait des paroles évangéliques, qui ne détonnaient guère dans cette ambiance recueillie : « Paix sur la plaie aux

1. Elles en partirent en 1975.

germes de bonne volonté. » Exprimant par là qu'il ne fallait en aucun cas favoriser, par une sélection, l'émergence d'un germe résistant sur une plaie ouverte et que la nature sans antibiotique était capable de faire seule le tri des bons et des méchants.

Visionnaire…

L'hygiène était au centre de toutes les préoccupations. Il était interdit de se serrer la main (porteuse de germes) ou d'utiliser un mouchoir dans le service. Tous les mois, les chirurgiens et le personnel infirmier (sauf les sœurs, Dieu seul savait pourquoi !) devaient se soumettre à des prélèvements pour détecter les germes dont ils étaient porteurs et les résultats étaient affichés en salle de réunion. Malheur à celui qui vivait avec un staphylocoque dans le nez, surtout si ce même staphylocoque convenablement typé avait pu être retrouvé sur le pansement d'un patient. Haro sur celui et celle qui partageaient un germe semblable et qu'on accusait (parfois à raison) d'entretenir des relations coupables !

Les petites sœurs étaient présentes dès matines jusqu'à l'angélus et s'éclipsaient une fois par jour pour aller chanter des prières dans la chapelle de l'hôpital. Évidemment, elles n'étaient jamais en grève, n'hésitaient pas à dépasser les horaires syndicaux et gardaient une humeur constante toute la journée. Nous, les internes, en les croisant le matin, nous ne pouvions nous empêcher de leur fanfaronner : « Bonjour, mes mères ! »

Déjà, à l'époque, les sœurs ne constituaient qu'un appoint au personnel infirmier des hôpitaux. Mais, en dehors de la longueur des blouses, le costume différait peu entre religieuses et laïques. Toutes les infirmières portaient la coiffe, marquée sur le devant par un galon qui signifiait leur grade. Certaines avaient conservé le voile ou même la cornette dont les deux ailes amidonnées battaient dans la cour au rythme de leurs pas. Elles s'enveloppaient dans une capote bleu marine pour aller d'un pavillon à l'autre par les allées de gravier du jardin. Leur taille était serrée par un tablier court qu'on appelait «l'élève». La générale portait sur sa coiffe le triple galon poinçonné d'une étoile d'or. Autre temps, autres mœurs...

Aujourd'hui, l'infirmière moderne revêt un pyjama blanc, jaune ou bleu, selon son unité d'appartenance. Elle n'a plus de galon mais un badge qui porte son nom et son grade. Elle ne porte plus de coiffe et met une charlotte pour cacher ses cheveux lorsqu'elle fait des soins. C'est moins seyant mais sans doute plus pratique.

Mais il n'y a pas que les tenues qui ont changé. Le métier d'infirmière aussi. Accompagnant les progrès médicaux, elles sont devenues en quelques décennies des techniciennes à haut niveau de connaissance. Leur formation dans les écoles spécialisées dure trois ans et demi après le baccalauréat. Pour devenir infirmière spécialiste, comme infirmière de bloc opératoire, manipulatrice de radio ou anesthésiste, une formation complémentaire est indispensable (au moins un an).

Dans le passé, ce personnel d'encadrement, qu'on nommait «les surveillantes», était issu de la promotion interne. On choisissait celles qui semblaient les plus aptes aux fonctions de commandement et d'organisation. Ces femmes avaient souvent vécu une longue expérience du métier et en connaissaient tous les tours et les détours. Elles étaient pragmatiques, efficaces, parfois très autoritaires, mais la plupart du temps compétentes, capables de former les jeunes et de régler les conflits. Elles avaient souvent fait toute une partie de leur carrière dans le même service et sous l'autorité du même «patron». Et ce couple chef de service/surveillante générale fonctionnait habituellement bien, porté par les mêmes valeurs de dévouement au malade et de réputation du service.

Parfois cela allait jusqu'à la caricature. On raconte qu'un des grands patrons de chirurgie de Cochin klaxonnait en arrivant le matin pour se garer sur la place réservée devant son service. Sa surveillante l'attendait à la porte du pavillon de chirurgie et trouvait le temps de lui raconter tout ce qui s'était passé depuis la vieille en l'accompagnant jusqu'à son bureau, son trottinement se mettant à la mesure du pas de charge de « son » chirurgien...

Maintenant la formation des « cadres de santé » passe par un concours difficile permettant l'entrée à l'école des cadres. Elles y apprennent à gérer un planning à grand renfort de tableurs informatiques, ainsi que le langage administratif sans lequel aucune réunion moderne ne peut se concevoir. Elles y apprennent aussi qu'elles ne sont plus sous l'autorité des médecins mais sous celle du directeur de l'hôpital par l'intermédiaire du « DSSI[1] ». On ne les désigne plus sous le nom de « surveillantes » mais elles sont devenues des « cadres de santé » (comme d'autres ont été promus « techniciens de surface ! ») et l'ancienne « générale » est maintenant le « cadre supérieur ». Souvent ce « cadre supérieur », contrairement à son ancêtre la « surveillante générale », n'est plus responsable d'un seul service mais de plusieurs. Cette « transversalisation », comme on dit dans le jargon hospitalier moderne, leur impose des réunions multiples et les éloigne de leurs équipes, des malades et des médecins.

Rien de tout cela n'est véritablement un hasard. Le progrès n'a parfois pas que du bon...

1. Le DSSI est le directeur du service des soins infirmiers. On le nommait auparavant infirmier(ère) général(e). Il est chargé de la coordination générale des soins d'un établissement de santé.

20.

De Gaulle et les centres hospitalo-universitaires

Robert Debré fut un grand médecin qui créa la pédiatrie en France et fut le chef d'école le plus actif et le plus puissant de son temps. Successeur de Marfan (l'homme du syndrome éponyme) dans son service des Enfants malades, il fut celui qui allait transformer sa spécialité en une discipline autonome, la pédiatrie. Son livre *L'Honneur de vivre* est de ceux qui marquèrent le jeune étudiant que j'étais. Mais si l'œuvre scientifique de Robert Debré serait passionnante à analyser, c'est d'un autre aspect de son action qu'il convient de parler ici.

Au sortir de la guerre de 1939-1945, Debré et quelques autres faisaient un diagnostic terrible de la situation des hôpitaux français. Jean Dausset, Prix Nobel de médecine en 1980, rappelait la situation peu après la Seconde Guerre mondiale : « À la sortie de la guerre, la France était couverte d'hôpitaux que seuls les plus pauvres utilisaient pour leurs soins et leurs derniers jours. Près de quatorze ministères et administrations s'occupaient de la santé et de l'hygiène. Il existait un abîme entre la médecine américaine, la recherche internationale et les hôpitaux de charité français : la situation de la santé en France imposait une transformation, ce fut l'objet de la réforme Debré. »

Pour Debré, un des problèmes majeurs restait cette séparation totale entre l'hôpital et la faculté avec deux hiérarchies différentes qui, on l'a vu, s'opposaient. Une hiérarchie hospitalière fondée sur le principe de l'enseignement de la médecine au lit du malade et issue de concours hospitaliers pour des postes faisant l'objet d'une nomination préfectorale : externes, internes, médecins ou chirurgiens des hôpitaux, chefs de service et adjoints, etc. Et une hiérarchie universitaire avec des assistants, chefs de clinique, agrégés et professeurs qui étaient chargés de l'enseignement théorique…

Le rêve de Robert Debré était de réaliser la fusion de ces deux mondes en s'inspirant du fameux *Bedside teaching by full time practitioners*, c'est-à-dire : « L'enseignement au lit du malade effectué par des praticiens à plein-temps », réalisé par Abraham Flexner aux États-Unis un demi-siècle plus tôt. L'idée était d'unir les enseignements théorique et pratique pour fabriquer enfin des médecins complets, formés dans des structures où seraient réunis université et hôpital : les CHU (centres hospitalo-universitaires). Il fallait bien entendu conserver la formation pratique exceptionnelle de l'internat mais intégrer l'enseignement théorique à la vie hospitalière, cet enseignement étant assuré par des professeurs plein-temps à l'hôpital ayant également la responsabilité des services. Des hommes dont les trois missions seraient le soin, l'enseignement et la recherche[1].

1. Enfin, pour la recherche, l'affirmation est bien modeste car la réforme est complétée en 1960 par un décret qui prévoit de réserver, dans chaque CHU, 50 mètres carrés à la recherche…

Assez logique la proposition ! Oui, mais elle se heurtait à des siècles de tradition(s) en tout genre, ainsi qu'a l'opposition de lobbies de toutes sortes... Ce n'était pas gagné d'avance.

Cette idée ne surgissait pas *de novo* dans la tête de Debré, et Dieu sait combien il l'avait peaufinée depuis qu'il l'avait proposée en janvier 1944 au Comité français de libération nationale à Alger. Mais après bien des combats, en 1958, la réforme hospitalo-universitaire était prête, archi-prête même. Elle n'attendait plus qu'un détonateur.

Le détonateur, ce sera Michel, propre fils de Robert, Premier ministre du général de Gaulle lors du premier gouvernement de la nouvelle République ! Cinquième du nom.

Ce fut l'ordonnance n° 58-1373 du 30 décembre 1958 qui fonda l'hôpital universitaire. Les dispositions concernant la création des CHU et la réforme des études médicales furent réparties entre le Code de l'éducation et le Code de la santé publique. L'idée directrice était d'unir par convention les grands hôpitaux publics et les facultés de médecine, tout en garantissant leur personnalité morale et leur autonomie financière. L'ordonnance fut votée au forceps au cours du dernier Conseil des ministres de l'année 1958. C'est-à-dire à une époque charnière entre la IVe République finissante et la Ve, dont la Constitution avait été promulguée mais qui n'avait pas encore de président officiel. Ce fut une véritable révolution dans le monde médical. Et comme toutes les révolutions, elle se heurta à une opposition farouche.

*

* *

Le général de Gaulle, avec son sens redoutable du raccourci, avait dit à Robert Debré : « Vous voulez forcer les médecins à rester toute la journée auprès de leur malade à l'hôpital, vous n'y parviendrez jamais… » Et, après un long silence : « Ils tiennent trop à leur clientèle privée. »

Évidemment, comme à son habitude, de Gaulle mettait le doigt sur le point douloureux de l'abcès. Le salaire proposé aux médecins plein-temps des hôpitaux, même s'il additionnait des émoluments hospitaliers et un salaire de professeur, était loin d'atteindre les honoraires que la plupart percevaient grâce à leur clientèle de « ville ». Les chirurgiens en particulier qui réalisaient de nombreuses opérations dans les cliniques privées des grandes cités ne pouvaient trouver un équivalent de leur revenu en salaire. Il faut ajouter qu'à l'époque le statut social du médecin s'accompagnait de revenus plus importants qu'à l'heure actuelle, et on ne parlait même pas du « trou » de la Sécurité sociale, qui n'existait pas, même dans les pires cauchemars de l'administrateur le plus pessimiste. Aussi, afin d'encourager l'intégration de nombreux médecins ou chirurgiens, la possibilité d'une clientèle privée fut admise. Au cours d'une réunion préparatoire à la conférence de presse du 28 septembre 1960 du ministre de l'Éducation nationale, Louis Joxe, les précisions suivantes furent apportées aux doyens : « La médecine à plein-temps n'exclut pas une part de médecine privée, et cela est tout à fait essentiel si l'on veut éviter une fonctionnarisation des médecins, si l'on veut que l'hôpital soit largement ouvert sur le dehors et que le médecin reste en contact avec une clientèle différente de la clientèle hospitalière traditionnelle. »

À l'hôpital, les médecins chirurgiens et spécialistes des hôpitaux étaient autorisés à recevoir en consultation deux fois par semaine leurs malades personnels (qu'ils étaient également autorisés à faire admettre à l'hôpital). Un certain nombre de lits leur était réservé à cet effet, 8 % par service, dont 5 % pour le chef de service. Dans ce cas, les honoraires restaient perçus par entente directe entre le médecin et son malade. Excellente dialectique ! Le secteur privé des praticiens hospitaliers était né. Il allait faire couler beaucoup d'encre au cours des décennies suivantes et reste une épine irritative de la vie hospitalière d'aujourd'hui…

Dans les grandes lignes, la fermeté du Général aidant, la réforme fut cependant imposée et acceptée. Et toute une génération de médecins s'engouffra dans le plein-temps hospitalier en rêvant comme Debré de ces grands campus américains où une ville-hôpital-faculté permettait de réaliser un idéal de formation, de recherche et de soins. Cependant, comme souvent, les investissements nécessaires traînèrent un peu pour construire les 29 CHU programmés en France. Il était également prévu d'améliorer rapidement les conditions d'hospitalisation pour que les praticiens qui avaient opté pour le plein-temps puissent hospitaliser leurs patients privés dans des conditions satisfaisantes. Il semblait en effet difficile de recevoir la Comtesse de *** au milieu des plébéiens occupant les salles communes qui étaient encore la règle des hôpitaux. Il fallait donc aménager, sinon construire, des locaux adaptés et des chambres particulières. Cela fut rarement possible. On autorisa donc les praticiens à poursuivre partiellement leur activité en clinique en attendant l'achèvement des travaux, ce qui prit plusieurs années. Ainsi certains médecins plein-temps regagnaient dans l'après-midi leur clinique, où ils continuaient d'exercer comme avant, certains d'entre eux ne respectant pas le quota de deux après-midi par semaine et débordant largement au-delà.

Mauvais exemple !

Autre mauvais exemple, celui des retards. En 1968, c'est-à-dire dix ans après la promulgation des textes instituant les

CHU, alors que la « révolution étudiante » allait exploser, il n'existait à Paris qu'un seul CHU[1], où seuls les étudiants les plus favorisés avaient été acceptés. Les autres continuaient de fréquenter la vieille (et unique) faculté de médecine, comme par le passé. Parmi les revendications révolutionnaires du « livre blanc » des études médicales, allaient se retrouver bien des grands principes de la réforme Debré, avec comme leitmotiv (révolution oblige) la mort des mandarins !

Pendant les années Pompidou (dans la suite des *golden sixties*), un effort considérable permit de réaliser finalement les 29 CHU programmés au cours de la décennie 1970[2]. En analysant les conséquences de cette réforme avec le recul du temps, on peut affirmer que ce fut un grand succès, permettant à la médecine française de hisser les soins et la recherche au plus haut niveau international. On considéra même, dans les années 2000, qu'elle devenait la première du monde car elle associait la justice de la prise en charge de tous les patients grâce à la Sécurité sociale. Une offre de soins bien répartie sur l'ensemble du territoire et une qualité des soins exceptionnelle tant dans le secteur public que dans le secteur privé (les médecins du secteur privé ayant bien entendu été formés dans les CHU).

Le meilleur des mondes de la santé, alors ?

Eh bien, presque... Si cette organisation n'avait pas coûté aussi cher en investissements et en hommes ! Nous en reparlerons plus tard.

1. Celui de Saint-Antoine qui a ouvert ses portes le 18 octobre 1965.

2. Il faut attendre le décret du 27 novembre 1968 pour que la faculté de médecine de Paris soit scindée en dix unités de formation et de recherche (UFR), complétées en 1971 par une onzième.

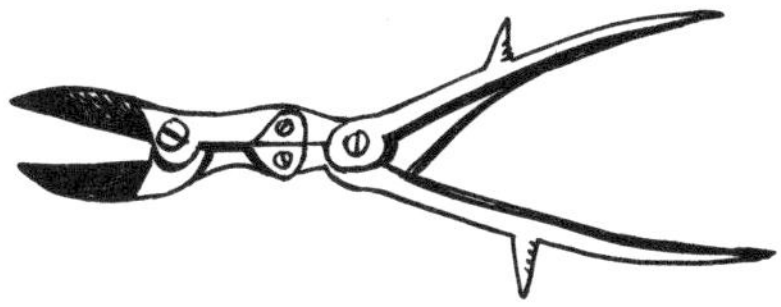

21.
L'invention de la médecine humanitaire…

IL SERAIT ILLUSOIRE DE PENSER QUE L'ACTION CENTRIPÈTE qui a attiré les patients vers l'hôpital à partir du XIXe siècle, sous l'impulsion de Bonaparte puis des « grands patrons », n'entraînerait pas une force centrifuge contraire pour soigner ceux qui en étaient exclus par les circonstances ou la géographie. L'idée de la médecine humanitaire prend ses racines étrangement dans les circonstances des guerres napoléoniennes, puis se développe au cours du XXe siècle avec de nouveaux objectifs.

Une des grandes idées du baron Larrey, chirurgien chef de la garde impériale, était qu'un blessé n'avait pas d'uniforme. Autrement dit, il était tout aussi logique de soigner un Français qu'un Russe ou un Autrichien à partir du moment où il se trouvait en détresse et à portée de soins. Visionnaire et humaniste, tel était Dominique Larrey !

Comme on peut s'en douter, son attitude fut évidemment critiquée en son temps. Opiniâtre, Larrey tenta même, après 1815, en collaboration avec l'Anglais Sydney Smith, de constituer un organisme neutre, supranational, afin de prendre en charge les blessés de guerre. Hélas, trois fois hélas, pour ce genre d'initiatives, l'idée venait beaucoup trop tôt. Après plus de deux décennies de guerres et de batailles en Europe, les esprits n'étaient pas encore mûrs pour faire naître ce qui allait devenir plus tard la Croix-Rouge et ensuite la médecine humanitaire. En attendant, juste retour des choses, l'idée généreuse du baron Larrey lui sauva la vie. À la bataille de Waterloo, Larrey fut pris par les Prussiens qui voulaient l'exécuter. Dans des circonstances dignes d'un roman d'Alexandre Dumas, il fut reconnu par le maréchal Blücher lui-même, qui se souvint, *in extremis*, que Larrey avait sauvé la vie de son propre fils en le soignant sur un champ de bataille, quelques années plus tôt. L'histoire méritait d'être contée...

Si le baron Larrey n'était pas parvenu à faire acquérir aux chirurgiens militaires la neutralité dont il rêvait, il avait toutefois réussi, avec les autres chirurgiens de l'Empereur, à bien préciser les grands impératifs de la chirurgie de guerre : c'est-à-dire la nécessité de soins les plus rapides possible sur les lieux mêmes du combat, l'organisation efficace du ramassage des blessés et la lutte immédiate contre le risque infectieux des blessures des membres pour éviter la septicémie (amputation haute et immédiate pour Larrey, acte qu'il pratiquait dit-on en moins d'une minute). Est-il besoin de rappeler qu'aucun antiseptique n'était disponible à l'époque, et qu'en cas d'hémorragie la transfusion n'existait pas. Toute plaie des grandes cavités (abdominale ou thoracique) était constamment mortelle. Enfin, l'anesthésie non plus n'existait pas encore et ces amputations étaient réalisées à vif... On n'ose imaginer la scène. Le parti pris des chirurgiens de l'Empire était d'agir vite et dans des conditions périlleuses pour tenter de faire survivre des invalides.

Il est bien difficile de dresser un bilan de cette attitude ou plus encore de le comparer aux résultats des guerres plus récentes. À titre d'exemple, pendant la campagne de Russie, Larrey compte 22000 blessés traités dans ses ambulances dont 9073 guéris sans séquelles, 1000 amputations et 2416 décès (soit 11 %). Résultat honorable quand on pense à la précarité des conditions.

Le malheur fut que la chirurgie militaire évolua peu au cours du XIXe siècle, et la bataille de Solférino, en juin 1859, commandée par Napoléon III, fut une bataille désordonnée dans des conditions très difficiles, qui eut lieu sous un soleil de plomb. Elle laissa sur le terrain près de 40000 soldats. Les secours étaient mal organisés et de nombreux blessés moururent, faute de soins rapides. Les grandes leçons de Larrey semblaient oubliées. Le seul bénéfice de cette horreur sera complètement imprévisible : un jeune banquier genevois visitant par hasard le champ de bataille s'indigna du sort fait aux blessés et ne put s'empêcher de tenter d'organiser les premiers secours : il s'appelait Henry Dunant. De cette expérience, il sortit un livre qui secoua l'Europe : *Un souvenir de Solférino*. L'idée de la Croix-Rouge était née. Elle sera une révolution dans la prise en charge des blessés des guerres du XXe siècle. Les esprits étaient cette fois préparés, et le premier prix Nobel de la paix en 1901 couronna Dunant pour la fondation de la Croix-Rouge internationale et l'initiation de la première Convention de Genève. Une forme de médecine humanitaire venait enfin de naître. Le grand principe d'Henry Dunant était la neutralité. On n'est pas suisse pour rien...

*

* *

MSF

Il fallut attendre 1968 pour qu'un second mouvement de médecine humanitaire voit le jour. Son grand principe était le devoir d'ingérence. En août 1968, on digérait à peine les soubresauts de la révolution étudiante quand apparurent sur les écrans de télévision, alors en noir et blanc, les silhouettes aux ventres bombés et aux membres décharnés des enfants du Biafra. Ces yeux grands ouverts des enfants Ibos sur l'horreur de cette terrible guerre qui empêtrait le Nigeria ne pouvaient que mobiliser ceux qui n'acceptaient pas l'injustice.

Ce n'était pas parce qu'on se relevait à peine de la claque d'une révolution avortée qu'on allait rester incapable de bouger devant cette agression des esprits et des cœurs. D'autant qu'on se trouvait désœuvré, et pour certains déçus par quelque chose qui aurait pu se passer, mais qui s'était égaré sous terre au détour d'une queue de manifestation. Max Récamier et quelques autres furent de ceux-là. Le scandale était à nos portes : il réclamait l'action ou en tout cas une réaction. Il fallait soigner, nourrir, soulager. Mais comment faire ? Récamier frappa aux portes de la Croix-Rouge française. Mais, fidèle à son principe majeur, la (déjà) vieille dame n'envisageait en aucun cas d'intervenir dans le conflit interne d'un État souverain sans en être officiellement prié ! Neutralité oblige...

Par un étrange raccourci de l'Histoire, celui qui dénoua le problème et permit finalement l'intervention de la Croix-Rouge française au Biafra fut... le général de Gaulle, qui réalisa ainsi un acte diplomatique inédit : malgré le dogme de l'intangibilité des frontières issues de la décolonisation, la France interviendra sur le territoire d'un des géants de l'Afrique de l'Ouest.

La messe était dite. Récamier triomphant fut chargé de recruter des médecins volontaires français. L'un des premiers à répondre fut Bernard Kouchner, qui émergeait du mouvement révolutionnaire des étudiants en médecine et avait tenté la rédaction d'un « livre blanc » des études médicales, qui, sans le savoir, reprenait les grands principes de la réforme Debré que les lenteurs administratives françaises n'avaient pas encore réussi à mettre en œuvre depuis dix ans. Contrairement au dogme de la Croix-Rouge qui susurrait : « Plus nous serons discrets, plus on nous entendra » ou « Pas d'ingérence, surtout dans les affaires internes des États », le credo de Kouchner était au contraire qu'il fallait clamer son indignation, devant cette politique du gouvernement biafrais qui affamait délibérément une population civile, en hurlant : « Plus nous ferons de bruit plus on nous entendra. »

Le schisme était inévitable. On n'en connaissait pas encore la forme mais elle devait se faire entre la Croix-Rouge et les nouvelles têtes brûlées de l'humanitaire, issues de Mai 68. Ce fut le 22 décembre 1971, juste avant les fêtes de Noël, que se produisit l'événement. La réunion se tint autour d'une table ovale dans les locaux du journal *Tonus*, qui, avec des gens comme Raymond Borel et Philippe Bernier, était alors à la pointe de la communication médicale du moment et avait des ambitions pour créer un grand hebdomadaire – voire un quotidien – à l'intention des médecins. Le journal avait déjà la cote chez les hospitaliers, car il avait équipé les salles de garde de postes de télévision et passait des informations mensuelles avec des vidéos coquines et, bien entendu, un peu de publicité…

En fait Borel avait fondé un groupe, le « Secours médical français » et se chargeait, grâce au journal *Tonus* dont il était le rédacteur en chef, de trouver des médecins et de rassembler les moyens pour intervenir en cas de catastrophe. Humaniste, il pensait que son idée devait se développer.

C'est ainsi qu'il avait convié les « biafrais » à cette réunion, car il avait appris qu'ils s'étaient constitués en « groupe médical et chirurgical de secours et d'intervention ».

Le propos du jour était de se réunir pour lancer un appel aux médecins et aux lecteurs de *Tonus*, afin de porter secours aux victimes des inondations du Pakistan oriental[1]. Autour de la table, on pouvait reconnaître Marcel Delcourt, Max Récamier, Xavier Emmanuelli, Jacques Bérès et, bien sûr, Bernard Kouchner. Sur la table de la salle de réunion, il y avait des cendriers remplis et des verres de whisky qui ne l'étaient pas moins. La discussion commençait à s'échauffer. Quoi faire ? On savait. Comment ? C'était plus difficile. Pourquoi faire ? Ça devenait explosif ! Mais tous se mirent d'accord pour rassembler les velléités des uns et des autres sous le sigle d'une nouvelle association dont le journal *Tonus* servirait de voix commune pour en souffler les trompettes de la renommée. Une nouvelle association, « loi 1901 », fut constituée, et les statuts furent ceux d'une organisation non gouvernementale, plus souple que la Croix-Rouge et ses positions formelles. Ne restait plus qu'à baptiser cette association... On échappa ainsi à : Secours médical français (SMF), Urgences internationales (UI) et autres Médecins du monde (MDM). L'idée de génie viendra de Philippe Bernier, rédacteur du journal, ce sera : « Médecins sans frontières » (MSF).

La « une » de *Tonus* du 3 janvier 1972, avec en première page la photo des participants, donnait le ton : « La réponse à ceux qui doutaient de vous ! » Médecins sans frontières et les « French doctors » étaient nés.

Leurs moyens étaient inexistants, mais ils compensaient par une forte idéologie, des engagements politiques réels,

1. Aujourd'hui, le Bengladesh.

bien qu'ils ne pussent se retrouver ensemble que sous couvert d'une certaine neutralité et la certitude qu'une de leurs missions, après les soins bien entendu, était le devoir de témoignage en cas de conflits : « Il faut faire tomber tous les barrages, toutes les frontières qui se dressent entre ceux qui ont la vocation et la volonté de soigner et les victimes de la barbarie humaine ou des folies de la nature. C'est cela notre mission et nous devrons en témoigner devant la face du monde », clamait Kouchner dans une belle envolée lyrique dont il avait le secret. « Nous serons quelques centaines d'hommes et de femmes de cœur décidés à apaiser la souffrance et le désespoir partout dans le monde, que nous soyons appelés ou non », disait Borel.

Après une journée entière de discussions, les participants réussirent à accoucher d'un texte qui allait servir d'objet à la nouvelle association qui venait de naître : « Réunir, sans discrimination et sans exclusive, tous les médecins et corps de santé volontaires, pour apporter leur assistance aux populations éprouvées par des cataclysmes, des accidents collectifs ou des situations de belligérance. Se mettre à disposition des organismes internationaux, des gouvernements ou autorités constituées des pays en question, ainsi que des organisations publiques et privées qui, dans ces mêmes pays, lui font appel. Prendre l'initiative d'envoyer des équipes de secours d'urgence aux populations éprouvées. »

Cette nouvelle association allait certes servir de point de départ pour une action humanitaire et caritative, mais contrairement aux « Tonusiens », idéalistes et presque « boy-scouts », ils étaient quelques-uns, avec Kouchner, dont la conscience politique, déjà clairement affichée aux cours des événements de Mai 68, cherchaient ce nouveau prétexte pour pouvoir l'exprimer. Si l'indépendance de Médecins sans frontières ne devait être mise en cause par personne, le principe d'ingérence dans les affaires de ceux qui provoquaient guerres et famines ne faisait pas de doute pour quelques-uns, quels que soient les régimes politiques en cause.

L'avenir allait se révéler plus complexe et source de scissions. Juste retour des choses, Médecins sans frontières fut également, comme Henry Dunant et sa Croix-Rouge un siècle plus tôt, couronné par le prix Nobel de la paix en 1999. Le monde avait bougé, le droit d'ingérence devenait un complément juste de l'action humanitaire. La politique reprenait ses droits sur la médecine.

22.

La « viagra royale »

EN MÉDECINE, la sérendipité signifie qu'une *découverte scientifique* ou une *invention technique* est obtenue de façon « inattendue » car accidentelle, à la suite d'un concours fortuit de circonstances, et cela dans le cadre d'une recherche orientée vers un autre sujet. Ainsi, bien des découvertes médicales sont issues du hasard, de l'imprévu voire de l'imprévisible. Tout dépend alors de l'observateur. Il peut « laisser passer » l'événement qu'il a observé par manque de préparation, manque de connaissance, et on pleurera alors son absence de génie. Ou, au contraire, il sera à l'origine de la découverte.

« Le hasard ne favorise que les esprits préparés », disait, paraît-il, le grand Pasteur, signifiant ainsi que la même observation ne pouvait avoir le même sens chez le savant dont le système de connotations était déjà bien en place que chez le naïf qui ne pouvait tout au plus que marquer son étonnement[1].

1. Gaston Bachelard écrivait aussi : « Le microscope n'instruit pas l'ignorant, il l'éblouit... »

Encore faut-il savoir s'étonner à bon escient.

En 1981, le biochimiste américain Robert Furchgott, qui travaillait sur des artères de lapins cultivées dans des éprouvettes, s'apercevait qu'elles pouvaient se dilater lorsqu'on mettait l'acétylcholine (ACh), un stimulant neuronal, au contact des cellules musculaires de leur paroi interne. Cette substance mystérieuse, Furchgott la nomma d'abord EDRF (endothélium-derived-relaxing factor), ce qui en chimie ne veut évidemment rien dire.

Quelques années plus tard, après des batailles épiques entre chercheurs, on réalisa que ce mystérieux EDRF n'était autre qu'une petite molécule bien connue, l'oxyde nitrique ou NO, présent naturellement dans le corps humain, et que savaient synthétiser les cellules qui tapissent l'intérieur des artères. Cela valut au passage le prix Nobel à Robert Furchgott, mais déclencha aussi une recherche clinique orientée vers les maladies qui rétrécissent les artères où le laboratoire Pfizer tenait à figurer en bonne place.

Les hommes de Pfizer (Peter Dunn et Albert Wood pour ne pas les citer…) avaient en effet mis au point une molécule, le citrate de sildénafil, à Sandwich (Grande-Bretagne), qui avait la propriété d'augmenter la concentration de NO au niveau des cellules musculaires des artères, donc de favoriser leur dilatation. Ainsi allait-on pouvoir dilater les artères coronaires, c'est-à-dire du cœur, traiter l'angine de poitrine et peut-être éviter les infarctus du myocarde.

Tout se présentait pour le mieux dans le meilleur des mondes.

Une étude de phase I* fut donc mise en place en 1991, dirigée par Peter Ellis et Nichola Terret. L'étude était classique et simple dans son principe. On tirait les malades au sort ; certains auraient des comprimés de Sildénafil, d'autres des comprimés placebo (c'est-à-dire inefficaces),

ROBERT FURCHGOTT

et on noterait les effets cardiaques obtenus dans les deux groupes. Rapidement, on s'aperçut que les résultats étaient plutôt décevants et que l'effet obtenu au niveau des artères du cœur semblait très limité voire inexistant. On décida donc d'interrompre l'étude et on chargea l'attaché de recherche clinique de récupérer les enveloppes contenant les comprimés qui n'avaient pas été consommés par les patients.

On observa alors rapidement que la plupart des malades rendaient volontiers leurs comprimés, mais l'attention de Peter Ellis et de Nick Terret fut attirée par ceux qui ne les rendaient pas. Plus étrange encore, après la levée de l'anonymat, ils constatèrent que ceux qui n'avaient pas remis leurs comprimés étaient les patients du groupe traité, c'est-à-dire du groupe «Sildénafil». Restait à savoir pourquoi des malades refusaient de se séparer de leurs précieux comprimés, remettant en cause le principe même d'une étude scientifique à laquelle ils avaient initialement adhéré.

Une enquête apporta alors la solution de l'énigme et dévoila le pot aux roses; il existait un effet secondaire inattendu: le Sildénafil provoquait des érections stables et durables chez des patients qui étaient souvent impuissants jusqu'alors.

Sans le savoir, et par une amusante sérendipité, nos deux chercheurs avaient (enfin) trouvé la solution médicale au plus grand drame des hommes. Depuis l'aube de l'humanité, on ne compte plus les tentatives et escroqueries montées par les charlatans de tout poil; depuis la poudre de corne de rhinocéros, les décoctions de testicules de tigre ou les prétendus effets du ginseng. Et parfois, même des médecins y mettaient du leur, comme le docteur Brown-Séquard, qui, en 1889, avait proposé la «séquardine» qui n'avait aucun effet, sinon celui de rapporter de l'argent à son auteur. Puis dans les années 1930, Serge Voronov, premier transplanteur de rein, réalisa des greffes de glandes de singe à des millionnaires pour leur donner l'illusion d'une nouvelle virilité. Plus sérieusement, en 1982 et à Paris, Ronald Virag, chirurgien cardiaque, proposa d'utiliser les propriétés vasodilatatrices de la papavérine en injection dans les corps caverneux. Technique efficace dont les préparatifs restaient pour le moins contraignants. Car se piquer le pénis juste avant d'honorer sa partenaire justifiait souvent des explications laborieuses et assez peu glamour. L'année suivante le physiologiste américain Giles Brindley, émerveillé par les propriétés de cette papavérine, s'en injecta dans sa chambre d'hôtel lors d'un congrès tenu à Las Vegas par l'Association américaine d'urologie et présenta en séance plénière son érection à ses collègues, allant jusqu'à descendre de l'estrade et à inviter les incrédules à palper son pénis…

Mais on restait loin d'obtenir un résultat stable et reproductible après la seule ingestion d'un comprimé. L'enjeu était donc énorme et l'attente des hommes (et des femmes) infinie. Évidemment, après avoir vérifié la réalité et la constance de cet effet par une nouvelle étude, Pfizer eut tôt fait de changer son fusil d'épaule. Tant pis pour l'infarctus du myocarde, on allait proposer un traitement élégant des dysfonctions érectiles. Marché infini et inestimable pour un laboratoire, et ce fut rapidement en milliards de dollars annuels que le succès de ces petites pilules bleues allait s'exprimer, surtout si son effet était renforcé par un nom commercial évocateur, comme « Viagra », contraction de « Vigor » et de « Niagara »… tout un programme !

Ainsi va la vie. On ne peut pas lutter contre les intérêts financiers. Surtout si ces derniers se comptent en milliards de dollars… Et après tout ! Pourquoi pas… Au moins, cette sérendipité améliorera peut-être le quotidien de milliers de couples. Et ce à l'infini. Car, comme l'a prédit naguère le docteur Louis-Ferdinand Destouches, plus connu en littérature sous son pseudonyme d'écrivain, Louis-Ferdinand Céline : « La vie est une partouze qui ne finira jamais[1]. »

1. Louis-Ferdinand Céline, *Voyage au bout de la nuit*, Gallimard, Paris.

23.

Jacques a dit…

DEPUIS DE NOMBREUSES DÉCENNIES, UN PERSONNAGE A hanté régulièrement ma carrière professionnelle. Je l'ai connu étudiant, puis je l'ai croisé à intervalles réguliers, directement ou indirectement. Indéniablement, ce personnage m'a marqué, comme il en a marqué beaucoup d'autres de cette époque. Ce personnage n'était pas un inconnu, il s'appelait Jacques Lacan.

Tout a commencé alors que je n'étais qu'un simple étudiant de médecine, peu après Mai 68. À cette époque, Lacan était sur toutes les lèvres. Un peu partout dans Paris, on ne parlait que de lui, y compris à la faculté de médecine où je sévissais. Dans les couloirs de cette vénérable institution, on pouvait entendre : « Lacan, c'est extraordinaire… tu devrais aller à son cours… » Mon amie de l'époque était psychiatre, et elle me poussait en ce sens. Alors suivant la foule, je me retrouvais, moi aussi, chez Lacan…

Le rituel était immuable. Le grand amphithéâtre de la faculté de droit, sis, place du Panthéon, se remplissait sur le coup de 11 heures. On s'y rendait, immanquablement attiré, comme les papillons de nuit par la lanterne de la terrasse. La plupart des auditeurs n'étaient ni psychanalystes ni psychanalysés, et encore moins linguistes ou médecins, mais tous se dirigeaient vers ce cours comme on se rend au temple.

L'amphithéâtre était bondé. Toutes les places étaient prises d'assaut, et on trouvait même des étudiants assis sur les marches. Aux premiers rangs se trouvaient les Initiés, les élèves de Lacan, complètement plongés dans la pensée du Maître. Eux, ils «pigeaient», ils étaient pénétrés par l'œuvre de Freud et comprenaient tout ce que Lacan racontait. Sans faillir, ils notaient ses saintes paroles, comme les apôtres celles du Christ. Le reste de l'auditoire était constitué d'une foule hétéroclite, dont les motivations étaient variables. C'était un joyeux mélange d'étudiants, d'enseignants, de curieux, de snobs qui fréquentaient l'endroit dont l'on parle dans les salons, d'étudiants inoccupés par une maîtrise de psychologie qui s'éternisait, philosophes structuralistes en mal d'idées nouvelles, ou bien de curieux ébahis par le spectacle offert par le gourou. À cette époque, les cheveux étaient longs, les jeans «pattes d'éléphant», et tout le monde fumait à qui mieux mieux... Un autre monde, assurément.

Et puis Lacan entrait. Raide et guindé dans son costume gris sombre à col mao, le visage fermé, suivi de son éternelle sténotypiste, il s'approchait du pupitre et toisait l'assistance d'un œil inexpressif en attendant le silence. Celui-ci s'instaurait très rapidement à peine troublé par quelques toux productives des fumeurs intellectuels. Une fois le calme établi, Lacan prenait la parole, et avec sa voix monocorde commençait son cours en ces termes :

– Nous allons parler de l'objet (petit a).

L'assistance était tendue : «Pour l'instant, on suit !» pensait la majorité des étudiants présents. Lacan, hiératique, se retournait vers le tableau noir, choisissait avec soin une craie blanche, qu'il tournait sensuellement dans ses doigts et écrivait avec componction la lettre « a », comme le ferait un maître d'école. Puis il posait la craie, se retournait lentement vers son pupitre, toisait quelques longues secondes l'assistance et disait, en se déportant à moitié vers le signe qu'il venait d'écrire, comme s'il dévoilait un mystère :

– L'objet (petit a) !

Et Lacan de dérouler son cours... Et là, le choc était violent. C'était un galimatias incompréhensible ! Une logorrhée absconde. Un charabia indescriptible. Le vide sidéral pour ceux qui ne possédaient pas par coeur les œuvres complètes du grand Sigmund et qui ignoraient tout des écrits de Saussure...[1] Moi, qui n'avais modestement lu que *Totem et Tabou*, ainsi que son *Introduction à la psychanalyse*, très vite, comme l'écrasante majorité de l'auditoire, j'étais largué.

*

* *

Pourtant, on aurait tort de nier l'apport de Lacan. À la fois psychiatre et philosophe, il était devenu le maître à penser d'une partie de cette génération post-soixante-huitarde. Si certains n'y retenaient qu'un discours creux encombré d'un fatras pseudo-scientifique totalement incompréhensible,

1. Ferdinand de Saussure est un linguiste genevois, auteur d'un fameux cours de « linguistique générale » (en fait rédigé d'après ses cours), qui tend à proposer une théorie cohérente du langage en le distinguant des langues proprement dites. Il distingue en particulier : le signifiant (qui désigne l'image acoustique d'un mot) et le signifié (qui désigne l'image mentale). Il a beaucoup influencé le mouvement structuraliste et en particulier Jacques Lacan dans son interprétation psychanalytique.

d'autres (ceux qui étaient présents !) étaient persuadés que sa plongée psychanalytique dans les mots et la linguistique correspondait à une recherche d'expression nouvelle qui tranchait avec l'abondance insipide des slogans révolutionnaires tout préparés qui en avait contenté plus d'un quelques années plus tôt.

En fait, Lacan était déjà célèbre dans les cénacles de psychiatres depuis qu'il avait introduit dès 1936 la théorie du « stade du miroir » qui s'ajoutait aux trois stades classiques de Freud : oral, anal et phallique. L'idée était fondée sur l'observation que l'enfant qui se vivait comme morcelé par le complexe d'Œdipe* découvrait grâce au miroir sa propre unité. Au début des années 1950, Lacan se plongea dans la relecture de l'œuvre de Sigmund Freud en s'appuyant principalement sur la linguistique mais aussi sur les mathématiques et le structuralisme. Il était exact que Freud n'avait pas connu l'œuvre de Saussure et que celle-ci donnait des clés majeures pour celui qui savait tirer parti de la grammaire et des mots.

Lacan fut de ceux-là.

Il dégagea alors les principes fondamentaux de son œuvre : « l'inconscient est structuré comme un langage ». L'ordre symbolique est conçu comme une grammaire qui se serait appliquée à un langage déterminant pour le sujet. C'est-à-dire, en français courant, que pour un psychiatre le langage devenait un outil de travail. L'inconscient est structuré comme un langage et toute faute de grammaire, par exemple, (qui n'est rien d'autre que l'ordonnancement des mots) va permettre au psychiatre de pénétrer dans l'inconscient. D'où l'importance du lapsus, qui n'est rien d'autre qu'une plongée directe dans l'inconscient du malade.

Cette année-là, c'est-à-dire en 1973, Lacan développait devant nous ce qu'il appelait « l'objet du désir ». Ce désir était conçu comme identique à la figure de rhétorique qu'on appelle métonymie[1]. Causé par un objet réel (le fameux objet «petit a»!), il se déplaçait vers des objets toujours nouveaux, portés par des signifiants liés entre eux. Mais ses exposés faisaient appel à des concepts extrêmement hermétiques, déjà développés par lui-même au cours des vingt années précédentes dans ses séminaires, ce qui rendait quasiment impossible la pénétration du nouvel arrivant, sans un effort considérable, ayant comme préalable la connaissance parfaite de l'œuvre de Freud...

Malgré cet échec patent, mes amis insistaient. Ils pensaient que j'étais obsédé par le travail, par mon sens du devoir, que je faisais une névrose... Alors que je me sentais plutôt bien dans mes baskets et, pour tout dire, très distant de tout désir analytique. Leur insistance et leur entregent fuent déterminants, et je me suis retrouvé, un beau jour, sans vraiment le vouloir, en consultation face au Maître (toujours aussi hiératique et distant), à raconter ma vie, ma jeunesse, et tout le reste. Après m'avoir longuement laissé parler, il m'avait dit, avec la componction d'un archevêque: «On voit bien que vous avez des barrières. Vous êtes un peu comme une forteresse, on pourrait essayer de baisser ces barrières, mais je ne suis pas convaincu que vous iriez mieux après.» C'était bien dit, c'était honnête, mais cela signifiait que je n'avais rien à faire chez lui. Après avoir

1. Je vous vois froncer les sourcils... La métonymie est une figure de style qui consiste à remplacer, dans le cours d'une phrase, un substantif par un autre, pouvant lui être équivalent dans le discours. Elle opère un changement de désignation: la cause pour l'effet, le contenant pour le contenu, l'artiste pour l'œuvre Elle se distingue de la métaphore qui nécessite la ressemblance. Pour Lacan comme pour Freux, le *moi* est la métonymie du désir! Si vous avez tout compris, vous pouvez poursuivre la lecture de ce chapitre.

versé mon écot au gourou, je suis parti soigner mes barrières ailleurs et n'ai plus jamais connu, de près ou de loin, la tentation du divan.

*

* *

J'ai revu Lacan beaucoup plus tard, lorsque j'étais interne à Pontoise. Sur les coups de 2 heures de l'après-midi, on m'appelle pour une urgence. Il s'agissait d'une dame qui s'était cassé le poignet. Derrière cette dame, je reconnus immédiatement son accompagnateur, qui n'était autre que Lacan. Je me présentai comme étant l'interne de garde, et Lacan de me dire, toujours aussi hiératique et distant : « Mon cher jeune collègue, je suis médecin, je vous amène mon amie Mme *** et je compte sur vous pour vous impliquer au plus vite et dans les meilleures conditions. » Bien entendu, il ne se souvenait pas de moi, et je me gardais bien de lui rafraîchir la mémoire avec mon analyse-éclair... Après radio et examen de la dame, je fus en mesure de préciser à Lacan que son amie souffrait d'une fracture de Pouteau-Colles (fracture des deux os de l'avant-bras, juste en amont du poignet), fracture on ne peut plus banale pour les personnes de l'âge de ma patiente. Et là, mon Lacan de questionner benoîtement : « Pouvez-vous m'expliquer ce qu'est une fracture de Pouteau-Colles, j'ai un peu oublié... » À l'évidence, de ses premières années de médecine, notre grand psychiatre n'avait pas retenu les leçons d'orthopédie... On ne saurait lui jeter la pierre : la fracture de Pouteau-Colles est au chirurgien ce que Freud est au psychanalyste, mais passons. Et votre serviteur, de prendre un malin plaisir à expliquer au Maître ladite fracture au moyen d'un dessin fort pédagogique. Tout en

m'appliquant, je ne pouvais m'empêcher de savourer en silence cette petite vengeance… Le grand Jacques Lacan, dont les cours étaient inintelligibles par le quidam moyen, me demandait des explications, à moi, qui n'avais rien compris à ses cours.

*

* *

Dans les années 1970, les psychanalyses de Lacan étaient célèbres. On racontait qu'une des plus connues concernait un chef d'entreprise qui était devenu brutalement muet. Malgré les examens médicaux, personne ne savait d'où venait le problème. Et puis ce chef d'entreprise avait été confié à Lacan, qui avait découvert que son patient avait pris sa secrétaire pour maîtresse. Et comme du point de vue linguistique la maîtresse était un « secret » à « taire », il ne parlait plus… C'est une psychanalyse lacanienne type. Il suffisait de trouver le « point clé » dans le langage pour dénouer le problème. Et le patient en l'occurrence était guéri.

J'ai eu affaire aussi un jour à un cas semblable avec l'un des élèves de Lacan. J'avais fini mes études et étais devenu chirurgien. Un jour, j'opère des artères de la jambe une dame d'origine alsacienne qui s'appelait « Lehn ». À son réveil, cette dame se met à hurler de douleur. On lui donne des antalgiques, de la morphine pour la calmer, mais rien n'y fait… La dame de hurler encore plus fort, ameutant tout l'étage avec ses cris… Impuissant, j'appelle à l'aide un de mes amis, psychiatre d'obédience lacanienne et spécialiste de l'hypnose, avec le fol espoir qu'il parvienne à faire cesser ce tapage… Et mon ami d'arriver très décontracté dans la chambre de Mme Lehn, et de s'enfermer avec elle.

Au bout de quelques minutes, miracle, les bruits cessent. L'espoir renaît ! Après quelque temps, mon ami sort, suivi par la dame, toute pimpante, déambulant dans les couloirs avec sa perfusion à roulettes. Ravi de son coup, mon ami psychiatre vient me voir et me dit le plus évidemment du monde : « Voilà, elle est guérie. » Abasourdi, je demande des explications : « Mais voyons, tu ne comprends pas ? Elle s'appelle Mme Lehn, et tu l'as opérée à l'aine… Et comme elle porte le nom de son mari, qu'elle déteste, elle exprimait ainsi son rejet et c'est pour ça qu'elle s'est mise à hurler, c'est tout. Maintenant qu'elle sait que c'est son mari qui est la cause de cette souffrance, elle va le quitter, et tout ira pour le mieux. » Cette Mme Lehn avait une « épine irritative » dans sa vie, qu'elle exprimait par des cris. Grâce aux mots, le psychiatre avait pigé ce que le chirurgien était incapable de comprendre. J'en restai sans voix.

*

*   *

Lacan était mort depuis plusieurs années déjà et l'on dispersait son mobilier à la salle des ventes de Drouot, dont le fameux divan sur lequel s'étaient allongés tant de célébrités, sur lequel on avait tellement fantasmé. D'un point de vue matériel, le mobilier de Lacan ne présentait aucun intérêt : un bureau, des fauteuils style années 1930, pas de quoi déchaîner la folie chez les antiquaires. Il en était de même pour le fameux divan, assez quelconque, en tissu, un peu passé. Mais c'était le divan de Lacan.

Mon ami Maurice, un autodidacte, habitué du lieu, fut attiré par la foule qui se pressait ce jour-là dans la salle de la vente Lacan. Maurice était marchand de tapis, il venait à Drouot pour découvrir des occasions propres à remplumer ses stocks, et Lacan, il n'en avait jamais entendu parler. Il n'avait d'ailleurs jamais entendu parler non plus de la psychanalyse, ni du signifiant encore moins de l'objet «petit a». Mais dès qu'il s'agissait de faire des affaires, il en avait le sens, le nez, voire le génie.

Flairant le bon coup, il se renseigna sur les objets mis en vente. Mais ignorant tout de l'identité du fameux Lacan, si ce n'est qu'il était un célèbre médecin, il m'appela donc et me demanda, à moi qui étais professeur à la faculté, si je connaissais un certain Lacau, Lacain... «Lacan?» lui répondis-je, très surpris par les circonstances de la demande, et avec enthousiasme, je lui fis l'article sur le gourou de la ma jeunesse...

Le jour dit Maurice se présenta à Drouot. La salle des ventes était bondée, notamment par ses anciens élèves, qui voulaient acquérir une relique du Maître. La vente commença, puis arriva le «clou» du spectacle, avec le mobilier. Très vite, les enchères se mirent à monter. Le chiffre était déjà devenu considérable compte tenu de la valeur réelle des objets. Dans la salle, deux anciens disciples restaient seuls en course, se disputant les derniers morceaux de la vraie croix. Les enchères allaient se terminer, quand Maurice, qui avait deviné l'affaire, leva la main:

– Cinquante!

Le commissaire-priseur leva son marteau:

– Cinquante sur ma droite, personne ne veut surenchérir? Attention, je vais adjuger. Le marteau resta suspendu quelques instants en l'air, puis il s'abattit.

– Adjugé!

Pour l'époque, la somme était considérable. Les deux disciples qui se disputaient les reliques du Maître ne pouvaient lutter avec la surface financière de l'ami Maurice. Immanquablement, la meute de journaliste qui assistait à la scène se précipita alors, pour savoir qui était cet élève inconnu, ce disciple caché du Maaaîîître, qui revenait à la surface pour prendre possession de son mobilier le plus emblématique. En quelques instants, c'était la cohue. Maurice, un peu effrayé par l'intensité des réactions, parvint à s'échapper en fendant la foule et en tonitruant :

– Je n'ai rien à déclarer », répétait-il, laissant les disciples de Lacan encore plus perplexes.

Un peu plus tard, je pris un verre avec Maurice et lui expliquai en termes diplomatiques ce que représentait son geste pour la meute des disciples. Il hurla de rire :

– C'est ma meilleure enchère. Je vais faire un pactole !

Mais je connaissais trop bien Maurice pour savoir qu'il n'en était rien. Tout autodidacte qu'il était, il avait le respect du sacré et je pouvais deviner qu'il avait gardé tout le mobilier chez lui. Qu'il ne s'allongerait jamais sur le fameux divan et qu'il regarderait tout cela en rêvant à tout ce que je lui avais raconté…

Au moment où j'écris ces lignes, Maurice possède toujours les saintes reliques de Jacques Lacan et les conserve toujours aussi pieusement. Malgré les années, le Maître est toujours bel et bien présent chez lui… Peut-être que son fantôme hante les lieux ? Peut-être que Maurice lui parle ? C'est possible. C'est peut-être sa façon de se faire psychanalyser…

24.

La terre qui sauve

À LA FIN DES ANNÉES 1960, LES TRANSPLANTATIONS d'organes stagnaient. Transplanter, les chirurgiens savaient le faire. Ils l'avaient prouvé et, après Christiaan Barnard, les équipes du monde entier avaient réussi à résoudre les principaux problèmes liés à la greffe de cœur. Malheureusement, tout le monde butait sur le problème du rejet des greffons, ce formidable conflit du SOI et du NON-SOI qui transformait en agresseurs toutes cellules étrangères à l'organisme du receveur. Les lymphocytes, ces stupides petits globules blancs, s'ingéniaient à détruire le cœur que l'on venait de greffer et qui pourtant assurait la vie de l'organisme tout entier... Comment leur faire comprendre qu'ils tuaient la branche sur laquelle eux-mêmes reposaient ? Impossible ! Autre solution envisageable, essayer de les faire taire. Les armes de l'époque, ces médicaments que l'on donnait, étaient insuffisantes. Seules les greffes entre vrais jumeaux donnaient des résultats parfaits, les autres greffés vivaient plus ou moins longtemps en fonction de la proximité ou de l'éloignement génétique avec leur donneur, ce qui à l'époque s'apparentait plus à la loterie qu'à une connaissance scientifique.

Bien sûr, il y avait l'exception. Il y a toujours une exception pour confirmer la règle, c'est bien connu. Celle-ci prenait l'aspect bon enfant du brave Emmanuel Vitria, qui défiait les années sur son terrain de pétanque en répondant aux journalistes qui s'étonnaient de sa longévité, avec sourire et accent de Marseille à la clé :

– J'ai eu de la chance !

En effet, il avait beaucoup de chance Emmanuel Vitria, car sans le savoir, évidemment, le professeur Henry qui l'avait opéré lui avait cousu le cœur d'un homme qui aurait pu être son frère jumeau.

*

* *

En 1970, Hans Peter Frei avait décidé de passer ses vacances d'été dans le Grand Nord scandinave. Cet événement n'avait rien à voir avec Emmanuel Vitria, que d'ailleurs il ne connaissait pas, sinon par les articles de la presse suisse. Hans Peter était ingénieur au laboratoire Sandoz et s'intéressait, comme tout le monde, à l'épopée des greffes de cœur.

Mais sans qu'il le sache, ces vacances allaient être déterminantes pour l'avenir des transplantations.

Il y avait une règle chez Sandoz : celle de la petite boîte de terre… Les chercheurs devaient rapporter de tous leurs lieux de villégiature des échantillons du sol où ils étaient allés. On ne sait jamais ! La politique de la maison avait toujours été de développer des médicaments à partir de substances naturelles. Mettre la main par hasard sur un nouvel antibiotique ou mieux encore un nouvel antifungique[1] à partir de prélèvements de terre venant du monde entier était un rêve de toute l'équipe. On savait en effet que de multiples micro-organismes peuplaient la terre. Pour se faire une place au soleil, ils sécrétaient différentes substances antibactériennes ou antifungiques capables de tuer leurs concurrents et d'assurer leur suprématie. Ces substances actives constituaient donc autant d'antibiotiques ou d'antifungiques en puissance.

Ainsi Hans Peter rapporta sa petite boîte contenant des échantillons de terre provenant du plateau montagneux de Hardanger Vidda, comme souvenir de ses vacances en Norvège. Comme toutes les petites boîtes de tous les vacanciers du laboratoire, la terre de Hans Peter fut mise en culture sur des plaques d'agar et les souches de bactéries et de levures ainsi produites furent examinées au cas où elles produiraient des substances biologiquement actives.

À partir des échantillons rapportés, on individualisa un champignon microscopique, inconnu au bataillon, qu'on baptisa du beau nom de *Tolypocladium inflatum*. Dès lors, les pontes du laboratoire Sandoz se demandèrent si ce nouveau champignon avait les propriétés des derniers antibiotiques. Ce serait trop beau, et pour s'en assurer les chercheurs de Sandoz se mirent en branle et les tests commencèrent. Était-il capable, ce petit champignon, d'inhiber la croissance des bactéries? Malheureusement, ils durent rapidement déchanter et se rendre à l'évidence: les microbes semblaient plutôt proliférer à son contact, ce qui n'était pas de bon augure pour un aspirant antibiotique.

Ce champignon synthétisait aussi une molécule de forme arrondie, inconnue des chimistes. Comme cette substance

1. Médicament qui s'oppose à la croissance des champignons pathogènes.

VITRIA

était cyclique ils la baptisèrent ciclosporine (ou cyclosporine). Testée comme antibiotique, la ciclosporine s'avérait non toxique, ce qui était un bon point, mais comme le champignon qui l'avait produite, tout à fait inefficace.

Pas d'antibiotique, pas d'argent. Les chercheurs de Sandoz mirent donc la ciclosporine de côté, dans un placard. Mais en matière de recherche, s'il faut toujours rendre sa part à la chance, il n'en reste pas moins que l'essentiel est porté par ce que l'on peut nommer la « logique de recherche » où se mêlent esprit de système, routine, observation, méthodologie et autres pratiques à la fois indispensables et obscures…

Ce fut en 1972 que le destin frappa ses trois coups fatidiques sur la petite molécule oubliée. Le jour où Jean-François Borel, responsable du département d'immunologie du laboratoire Sandoz, décida de tester l'activité immunosuppressive (c'est-à-dire la capacité de bloquer l'action du système immunitaire, qui protège l'organisme des agressions extérieures) des substances orphelines qui stagnaient sur les étagères du laboratoire. Ce fut la chance de la ciclosporine. On avait bien, entre-temps, essayé de lui trouver une activité anticancéreuse. Mais là encore, elle n'avait pas répondu aux attentes. Ce détail aurait pu dissuader l'équipe de Jean-François Borel de s'y intéresser, car les activités anticancéreuses et immunosuppressives sont souvent opposées[1]. Mais c'était décidément un bon jour pour la ciclosporine.

1. L'augmentation de l'incidence des cancers après la transplantation d'organe en est une des principales complications et une cause importante de morbidité et de mortalité. Elle est due en partie à l'immunosuppression non spécifique qui favorise la réplication de virus oncogènes. Elle pourrait aussi être favorisée par un effet cancérogène propre des traitements immunosuppresseurs.

La ciclosporine fut purifiée en 1973, sa structure et ses propriétés chimiques furent élucidées deux ans plus tard. Les chercheurs du groupe Sandoz étaient de plus en plus convaincus d'être en présence d'un immunosuppresseur inédit et révolutionnaire. La particularité de ce médicament était qu'il n'inhibait pas toutes les cellules immunitaires de la même façon, permettant ainsi à l'organisme de continuer à se défendre contre les agents pathogènes. Ce qui était évidemment un point crucial, comme savait l'expliquer Borel : « Si l'on compare la réponse immunitaire à une meute de chiens qui mordent, on pourrait dire que la ciclosporine agit comme une muselière qui empêcherait certaines cellules du système immunitaire de mordre sans toutefois les tuer[1]. »

Pourtant malgré ces succès et la course de haies qu'elle venait d'accomplir, la ciclosporine faillit ne jamais voir le jour. Sandoz était un laboratoire privé, et, comme tel, la stratégie de développement restait un point important qui ne concernait que peu les chercheurs, tant les éléments économiques devenaient prépondérants. Et autant le développement des antibiotiques ou des molécules antihypertensives pouvait être considéré comme prioritaire car il s'adressait à un très grand nombre de « clients » potentiels, autant le marché de la transplantation, malgré ses développements, ne constituait qu'une faible part du chiffre d'affaires.

On appelle cela un marché de niche. Et il n'était pas question de mettre la transplantation comme priorité dans le

1. On pense actuellement que la ciclosporine se lie à la cyclophiline des lymphocytes. Le complexe ciclosporine-cyclophiline inhibe une enzyme qui dans les circonstances normales active la formation de la cytokine qui active la formation des lymphocytes T, c'est-à-dire des « tueurs ».

développement du groupe au cours des prochaines années. Exit donc ciclosporine et transplantés !

L'intelligence, c'est souvent de tourner la difficulté quand elle se présente de front. Borel, toujours homme de ressources, parvint alors à démontrer l'intérêt de sa chère ciclosporine dans les rhumatismes, maladies on ne peut plus banales, donc fréquentes, et qui touchent de façon chronique une foule de gens qui survivent, certes perclus, mais longtemps, donc pour lesquels il est très rentable d'inventer de nouveaux médicaments qui seront prescrits pendant des années. En fait la «ciclo» s'avérait efficace dans les maladies auto-immunes et plus particulièrement la polyarthrite rhumatoïde[1]. Ces maladies sont causées par une hyperactivité du système immunitaire contre des protéines ou des tissus de leur propre organisme, comme si ces éléments de l'individu devenaient des étrangers pour leurs propres lymphocytes. En d'autres termes, la ciclosporine (et les transplantés) était sauvés grâce aux rhumatismes…

1. La polyarthrite rhumatoïde est la plus fréquente des arthrites rhumatismales inflammatoires chroniques.

25.

Nous entrerons dans la carrière…

L'INTERNAT A ÉTÉ PENDANT LONGTEMPS LE CONCOURS QUI sélectionnait l'élite de la médecine française. Il se préparait en dehors de la faculté dans des conférences d'internat. Deux fois par semaine, nous nous rendions le soir en conférence avec un groupe de camarades, où nous révisions nos questions de médecine, de chirurgie, d'anatomie et de biologie sous la houlette d'un conférencier. Celui-ci, « vieil » interne, était chargé de peaufiner le texte de l'écrit, concernant tous les sujets possibles, qu'on allait devoir recracher en une heure. Tout s'exprimait dans la mémoire mais aussi dans la manière, et les grands conférenciers étaient ceux dont le style concis et complet décrivait le mieux « l'ambiance » d'une maladie. Ce qui pouvait donner : « Le souffle du rétrécissement aortique est rude et râpeux, il irradie vers les carotides, il n'a rien a à voir avec celui de l'insuffisance aortique qui est humé et aspiratif. »

En plus de ces conférences, l'interne nous donnait des conseils pratiques : « Quand on vous donne les sujets par oral, vérifiez bien l'énoncé sur le papier qui va circuler dans

les rangs. Combien sont ceux qui ont été collés au concours pour avoir rédigé “rétrécissement aortique” alors que c’était “insuffisance” qui leur était demandée ! Combien sont ceux qui traitèrent “cancer du rein” à la place de “cancer du sein” ! Certes, il n’y a qu’une lettre qui change, mais elle a de l’importance... » Et parfois ces conseils étaient très pragmatiques, souvent frappés du coin du bon sens : « Vous passez le concours en décembre. Alors n’oubliez pas de venir le matin en portant des moufles. Malheur à ceux que l’onglée condamnera à une écriture engoncée alors que vous, vous rédigerez avec la fluidité d’une secrétaire ! »

Chaque conférencier avait ses secrets pour la préparation, ses dossiers, ses questions... On était d’une conférence comme on était d’une fratrie. Les étudiants adoraient leur conférencier, leur grand frère, qui les chauffait avec rudesse, mais en restant toujours de leur bord : « Moi aussi j’étais à votre place, il y a quelques années. » Véritable compagnonnage, la conférence était le meilleur moyen de « tenir » devant la masse impressionnante de connaissances à ingurgiter en un an, alors que les cours magistraux de la faculté semblaient rébarbatifs et les professeurs bien lointains.

Puis commençait le « tour de France ». On s’inscrivait aux concours des groupes hospitaliers des grandes villes dans l’espoir d’être admis au moins à l’un d’entre eux. On pouvait présenter cinq années de suite autant de concours que possible, mais le succès n’était pas toujours au rendez-vous de la persévérance. On a beaucoup glosé sur le caractère népotique des concours. Cela a été vrai quand les épreuves écrites rendaient admissibles à un oral, épreuve horriblement angoissante, où tous les favoritismes étaient possibles en fonction de la composition du jury. C’était la filière royale pour les « fils de... ».

Mais après Mai 68 l'oral a été supprimé. La révolution annihilait un des piliers du mandarinat héréditaire, pour le remplacer par un « oral-écrit ». Même programme mais correction anonyme... C'est celui que j'ai passé et on peut dire qu'il était juste.

J'ai eu la chance d'être nommé dès mon premier concours à Paris – ainsi que dans les autres villes où j'avais concouru – et je dois bien reconnaître que je n'ai jamais autant travaillé dans ma vie qu'à ce moment-là. Quatorze heures par jour pendant au moins six mois. J'avais laissé tomber tous les cours de la fac et choisi (avec soin) un stage d'externe bidon (ça existe) où j'allais serrer quelques mains une fois par semaine et où on ne me demandait pas plus.

C'était cinq ans après mon baccalauréat. Mes études de médecine étaient finies.

Enfin, pas tout à fait. Bien évidemment, j'étais censé continuer à suivre des cours à la faculté et passer des examens. Mais le statut d'interne dans ces années-là était devenu l'équivalent d'un blanc-seing et l'on était franchement exempté des examens de faculté qui devenaient des formalités : « Vous êtes interne ! » opinait le professeur avec un air entendu (solidarité des « collègues » !) et il validait la matière pour l'étudiant-interne.

On n'était même pas toujours obligé de rédiger une copie.

J'assistais seulement à certains cours magistraux qui avaient lieu dans le grand amphithéâtre de la faculté de médecine pour vibrer aux performances des professeurs vedettes. Je me souviens de Delmas qui réussissait à nous passionner pour la neuro-anatomie et de Fasquelle le bactériologiste qui racontait la découverte des microbes comme un roman policier dont les élèves de Pasteur étaient les Sherlock Holmes modernes.

De tels privilèges n'allaient pas sans une frustration majeure de la part de ceux qui n'avaient pas pu être nommés internes. D'autant plus que les carrières hospitalo-universitaires étaient largement réservées aux anciens internes ainsi que l'obtention quasi automatique des spécialités. À l'époque, il était cependant encore possible d'accéder à une spécialité médicale sans passer par l'internat. Il existait des certificats d'études spécialisées (CES) organisés par la faculté (toujours cette rivalité faculté-hôpital), dont la formation était longue et difficile et dont la pratique était évidemment moins bonne que celle des internes.

À la fin des années 1990, on commença à supprimer ces CES et à obliger tous les futurs spécialistes à passer par l'internat. Pour les autres, ceux qui se destinaient à la médecine générale, on rendit obligatoire le résidanat qui durait deux puis trois ans après la fin du deuxième cycle des études médicales. Donc il devenait nécessaire pour tous les généralistes ou spécialistes d'avoir une formation concrète : plus de médecins qui, diplôme en poche, se feraient leur expérience sur le dos de leurs premiers patients.

Mais les généralistes jugèrent alors que la sélection de leur discipline se faisait finalement par l'échec au concours de l'internat, que leur exercice était moins valorisé et que tout cela n'était pas fait pour attirer et mobiliser les vocations. C'était vrai, la profession menaçait d'être désertée de façon inquiétante.

À partir de 2004, une énième réforme entraîna tous les étudiants vers un examen national aboutissant à un internat pour tous. En fonction du classement, on choisissait sa spécialité et celle qui offrirait le plus de postes était la médecine générale. Ainsi, le vieux concours de Bonaparte avait vécu.

Il ne s'agit pas de pleurnicher sur le passé. Il représente trop « l'exception française » dans le monde et surtout dans l'Europe de la médecine qui doit se construire à tout prix. La nouvelle organisation a l'avantage de permettre pour tous un troisième cycle de jeunes professionnels possédant une solide formation scientifique et pratique.

*

* *

Quand j'étais externe en gynécologie-obstétrique les soirées de garde étaient bien longues. Heureusement, il y avait la salle de garde des sages-femmes qui nous accueillait et permettait un peu de convivialité. L'interne était le seigneur tout-puissant de ces gardes et se comportait avec ses externes comme un grand frère indiscutable et d'ailleurs indiscuté.

Un jour, il m'avait demandé :

– Tu n'es pas de famille médicale, ton père n'est pas patron ?

Je lui avais avoué que non.

– Alors tu n'as que quatre chances sur cent de devenir un jour professeur agrégé et une chance sur mille d'accéder un jour à une chefferie de service… »

Je ne sus jamais d'où il tirait des statistiques assénées avec tant d'assurance, mais sur le coup je les pris pour argent comptant. Je m'en moquais d'ailleurs car je n'envisageais pas un seul instant de faire carrière dans les hôpitaux.

Mais nommé au concours de l'internat, je fus un instant tenté de me diriger vers la chirurgie osseuse. J'avais demandé une place dans le service le plus prestigieux des orthopédistes du temps, celui du professeur Robert Judet, à Garches. Ce dernier me reçut dans son service et me toisa pendant qu'il se brossait les mains avant d'entrer en salle d'opération :

– Écoute je n'ai pas de place pour toi. Mais je te trouve une bonne gueule. Et dis-toi bien que dans la vie il vaut mieux avoir une bonne gueule qu'une place chez Judet.

Je repartis dépité, mais, lesté par cette bonne parole, je renonçai à la chirurgie orthopédique. Mon avenir s'annonçait mal. Par la suite, je choisis la chirurgie cardio-vasculaire. Il me fallait donc une place de chef de clinique dans une grande maison de cette discipline. Charles Dubost voulait bien de moi comme assistant mais il préférait me préciser les conditions :

– J'aurai très peu de possibilités de vous nommer. Je vous en préviens d'emblée.

Il me fit même signer un papier qui stipulait que, prévenu des difficultés, je persistais dans mes choix. Tout semblait très difficile. Mais ce que je faisais était passionnant. J'y passais mes jours et une bonne partie de mes nuits. Et surtout je ne pensais que très peu à ce qui allait constituer le lendemain.

Bien m'en a pris. J'étais donc chef de clinique-assistant à 30 ans, professeur agrégé à 40 et je devins chef de service à 50, sans avoir quitté un instant la même structure hospitalière. D'abord à Broussais puis, quand le déménagement fut décidé, à l'Hôpital européen Georges-Pompidou. Carrière on ne peut plus linéaire et classique. Presque monotone diront certains.

De cette modeste expérience et quel que soit le chant des sirènes, je me conforte dans l'idée que le plus important est de faire ce qui plaît, sans trop se préoccuper des prévisions et des perspectives, et surtout de ne pas choisir sa spécialité en fonction des occasions de carrière. Rien n'est pire que de faire un métier qui ne vous motive pas vraiment, même si l'on y est nommé rapidement professeur. À moins bien sûr que pour certains le titre de professeur ne soit le but final. Mais ça, c'est une autre histoire...

26.
Le rouge et le noir…

Qui connaît la maladie (ou tétralogie, car elle associe quatre signes) de Fallot, qui doit son nom depuis 1888 à Étienne Louis Arthur Fallot, médecin à Marseille ? Pas grand monde, hélas. Pourtant, c'est sous ce nom que les médecins décrivent celle des « enfants bleus », maladie terrible, liée à une anomalie dans la formation du cœur. Pendant des siècles, rien ou presque ne pouvait améliorer ces enfants[1]. Ils traînaient leurs petits visages tristes dans tous les hôpitaux du monde, mal débarbouillés avec leurs lèvres cyanosées, leurs petits corps malingres, accroupis la plupart du temps pour mieux trouver leur oxygène, comme en attente d'une mort annoncée[2].

1. La tétralogie décrite par le cardiologue marseillais Louis Fallot associe en fait deux anomalies principales : un rétrécissement de l'artère pulmonaire et une communication entre les deux ventricules du cœur. La conséquence majeure de l'obstacle pulmonaire est de faire passer le sang non oxygéné (bleu) vers la grande circulation (rouge) et donc de rendre bleue la peau de ces enfants. C'est la plus fréquente des maladies bleues (cardiopathies cyanogène).

2. Cette attitude accroupie ou « squatting » permet effectivement

La tétralogie de Fallot associe en fait deux malformations : une communication anormale entre les deux ventricules et un rétrécissement sur la voie pulmonaire du côté droit du cœur. Si bien que le sang bleu (celui qui n'a plus d'oxygène et qui contient le gaz carbonique) ne peut pas aller facilement dans les poumons pour se faire épurer et oxygéner. Il passe donc dans le cœur gauche et est éjecté par l'aorte dans les organes, les muscles et la peau. D'où le terme d'« enfants bleus ».

Maintenant que l'on a jeté un coup d'encensoir au brave docteur Fallot, il devient nécessaire de parler de Helen Taussig. Celle qui a sauvé les enfants victimes de la « maladie de Fallot ». Un jour de 1944, au Johns Hopkins Hospital de Baltimore, la pédiatre Helen Taussig eut une idée folle. Puisque le sang bleu non oxygéné n'arrivait pas à aller dans les poumons pour devenir rouge – car le chemin de l'artère pulmonaire était barré –, il fallait l'y conduire de force.

Facile à dire, mais comment ?

Pas question de toucher au cœur. On ne savait pas l'opérer ; et la circulation extra-corporelle n'avait pas encore été inventée… Alors il fallait prendre une artère de la poitrine et la coudre dans l'artère pulmonaire. Quelques chirurgiens sauraient sûrement faire ça ! Cette dérivation permettrait d'oxygéner au moins une partie de ce sang et

une amélioration plus rapide de l'oxygénation du sang artériel après un effort. L'accroupissement coude les veines fémorales et diminue ainsi le retour de sang vers le ventricule droit, qui peut mieux l'éjecter dans la voie pulmonaire. Il coude aussi les artères fémorales et augmente les résistances artérielles systémiques, ce qui contribue à diminuer le passage de sang du ventricule droit vers l'aorte… Incroyable adaptation de la nature à une anomalie… Il est clair que ce petit garçon accroupi après avoir couru ignore tout de la physiopathologie qu'il tricote !

d'améliorer un peu le sort de ces pauvres gosses en leur permettant au moins de grandir! Des grosses artères dans la poitrine, il n'y en avait que trois. Deux allaient vers le cerveau et il était imprudent d'y toucher. La troisième, la sous-clavière gauche, irriguait surtout le bras gauche: c'est cela qu'il fallait tenter...[1]

Mais quel chirurgien choisir pour réaliser une suture, une anastomose si délicate au contact de vaisseaux si peu violés? Ce fut naturellement vers Alfred Blalock, remarquable opérateur du Johns Hopkins Hospital, qu'Helen confia la délicate mission de réaliser cette opération redoutablement difficile pour l'époque. Elle avait mis bien du temps à les convaincre, lui et Vivien Thomas, et leur avait expliqué, crayon à la main, comment elle voyait l'intervention.

Mais qui est donc ce Vivien Thomas qui va jouer un rôle tellement important dans cette opération?

Vivien Thomas était un Noir américain qu'Alfred Blalock avait rencontré alors que Vivien assurait les fonctions de technicien de laboratoire dans le Tennessee. Blalock jugea immédiatement ses exceptionnelles qualités à la fois de chirurgien et de chercheur. Il allait lui confier, maintenant qu'il l'avait entraîné avec lui à Baltimore, la responsabilité

1. Au départ, Helen Taussig cherchait à créer un modèle d'hypertension pulmonaire chez l'animal, d'ailleurs sans succès. Malgré le débit sanguin très important qu'elle dérivait de l'aorte vers les poumons, elle ne faisait pas monter les pressions. C'est alors que l'idée lui est venue que cela pouvait permettre d'améliorer l'oxygénation des petits patients et donc de faire rosir les enfants bleus. La majeure partie de cette recherche fut effectuée au laboratoire de chirurgie de Johns Hopkins. Le responsable en était Vivien Thomas, un Noir américain extrêmement brillant, qui conçut véritablement l'opération chez l'animal. Il se trouvait derrière Blalock lors de la première chez l'homme et le conseillait pas à pas.

de vérifier si l'idée de Helen Taussig était valable et si elle pouvait « marcher » chez les enfants bleus. Dans un premier temps Vivien Thomas réussit à créer l'équivalent de la maladie bleue chez le chien, ce qui était indispensable pour avoir un modèle expérimental. Puis il entreprit de réaliser l'opération proposée par le docteur Taussig afin de corriger les anomalies qu'il venait de créer.

Ainsi Vivien Thomas confirma la justesse de vue de Mlle Taussig sur plus de 200 chiens, ce qui était une expérimentation exceptionnellement complète et montrait une fois encore ses grandes qualités de chirurgien.

On pouvait donc tenter l'opération chez les enfants.

Le 29 novembre 1944, l'opération fut réalisée pour la première fois chez un bébé de 15 mois, Eileen Saxon, ne pesant que 4 kg. Alfred Blalock n'avait pas vraiment l'expérience de l'opération qu'il fallait entreprendre et avait seulement vu Vivien Thomas la réaliser (d'ailleurs avec un grand talent) au laboratoire. Quant à Vivien Thomas, simple technicien, il ne pouvait pas opérer un être humain. Alors il se tint derrière l'épaule de Blalock pendant toute l'intervention pour le guider pas à pas. Celle-ci fut très difficile mais facilitée par les nouveaux instruments que Thomas avait fait fabriquer pour apprivoiser cette délicate suture. L'opération fut un succès et l'enfant bleu devint rose. Le 12 mars 1945, quelques semaines avant la signature de l'armistice en Europe, la nouvelle avait éclaté comme une promesse d'un monde nouveau : trois « enfants bleus » avaient été opérés avec succès !

Les résultats furent publiés. Les trois cas firent l'objet d'une communication dans le *JAMA* (*Journal of the American Medical Association*) en mai 1945, décrivant ce qui allait devenir la fameuse opération de Blalock-Taussig, première opération de la chirurgie cardiaque.

En 1947, le professeur François de Gaudard d'Allaines invitait le docteur Blalock pour faire des démonstrations opératoires dans son service de l'hôpital Broussais et Helen Taussig, la très brillante cardio-pédiatre, pour faire des conférences sur les maladies congénitales du cœur. Cette mission fut un succès largement dû au jeune Charles Dubost, encore assistant à l'époque, qui allait se spécialiser plus tard dans cette activité. Mais il fallut plusieurs années avant de décider l'administration à construire un nouveau centre spécialisé dans cette chirurgie. Les fonds publics se faisaient rares déjà à cette époque. Il aurait fallu demander l'aide du privé. Ce fut en 1955 que Louis Merlin, alors directeur d'Europe n° 1 décida de mettre son émission vedette « Vous êtes formidables ! » à la disposition du projet. Avec l'entrain qui allait le caractériser, le jeune animateur Pierre Bellemare fit circuler des autobus dans tout Paris pendant une journée pour récolter les dons des Parisiens. Le soir même les fonds nécessaires étaient rassemblés en complément de la dotation de l'Assistance publique et le pavillon René-Leriche s'éleva quelques années plus tard dans l'enceinte de l'hôpital Broussais. Charles Dubost, devenu professeur, en prit la tête et devint le pionnier de cette chirurgie en France.

Et Vivien Thomas dans tout ça ?

Aucune mention n'était faite de sa contribution pourtant déterminante dans l'article du *JAMA*. C'était le lot d'un simple technicien, Noir de surcroît, dans cette Amérique encore ségrégationniste. Et malgré l'avis des meilleurs (dont Denton Cooley[1] lui-même), ses capacités de chirurgien ne furent pas récompensées à leur juste valeur,

1. Denton Cooley est un remarquable chirurgien cardiaque américain, dont l'activité à Houston est restée légendaire. Il a publié ses mémoires sous le titre *100,000 Hearts* !

et malgré le profond respect que lui accordaient les nombreux chirurgiens qu'il forma au Johns Hopkins Hospital, Vivien Thomas restait inconnu et aussi... mal payé. Pour arrondir ses fins de mois, il devait souvent travailler... comme majordome. La plupart du temps aux fêtes organisées par son patron, le docteur Alfred Blalock. Et il ne put jamais faire les études de médecine qu'il était pourtant prêt à entreprendre.

Quand on pense au destin de Vivien Thomas, on ne peut que penser au film *Le Majordome*, qui retrace la vie d'Eugen Allen, ancien esclave, qui devint le majordome des présidents des États-Unis à la Maison-Blanche. Les «enfants bleus» d'aujourd'hui savent-ils qu'ils doivent leur existence à un majordome qui officiait chez les chirurgiens cardiaques !

L'Histoire peut parfois être cruelle.

27.

La fin du mandarinat

QUAND J'ÉTAIS ÉTUDIANT EN PROPÉDEUTIQUE MÉDICALE, juste avant 1968, on chantait :

> *« En descendant la rue Cuvier,*
> *Par une putain, j'fus racolé... »*

Je n'ai jamais vu beaucoup de filles tapinant autour du jardin des plantes. Mais la fameuse chanson paillarde du folklore carabin rappelait le temps où la première année de médecine se faisait à la faculté des sciences et plus particulièrement dans les locaux de l'annexe de la faculté, au 12 de la rue Cuvier dans le Ve arrondissement de la capitale. Autrefois, cette année de propédeutique s'appelait le PCB (physique, chimie, biologie). Son obtention était nécessaire pour entrer en première année à la faculté de médecine proprement dite (ce qui correspond maintenant à la deuxième année du premier cycle).

En 1963, le PCB se changea en CPEM (certificat probatoire aux études médicales) qui devenait directement géré par la faculté de médecine (et non plus par la faculté des sciences), même si toute une partie des enseignements continuait d'être effectuée dans les bâtiments devenus vétustes de la rue Cuvier. On y apprenait une foule de choses passionnantes.

En mathématiques, je calculais avec aisance la trajectoire d'une fusée autour de la Terre. En physique, le professeur nous faisait réfléchir sur les conséquences de l'équation de Schrödinger, introduction ésotérique à la physique contemporaine[1]. En chimie organique, le calcul du spin des électrons permettait enfin d'approcher le déterminisme des réactions que jusque-là nous avions apprises sans comprendre. On pouvait réviser ses cours au Jardin des plantes et j'aimais particulièrement fréquenter la ménagerie et m'asseoir devant la cage d'un grand chimpanzé au dos argenté, qui jour après jour, quelques bananes aidant, m'était tellement devenu familier que je l'appelais *Tonton*.

Bien sûr, c'était un peu loin de ce dont j'ai aujourd'hui besoin pour exercer mon métier de chirurgien cardiaque, mais pour la culture générale et les conversations de salon, c'était béton.

Malheureusement tout cela était bâclé en quelques mois et l'étudiant moyen était dans l'incapacité d'aller au fond des choses (tous en auraient d'ailleurs été incapables, au sortir du baccalauréat). Si bien que pour verrouiller les résultats aux examens, l'étudiant comprenait vite que la meilleure solution était de revenir au bachotage et à la mémorisation. Ce qui allait être une grande constante de toutes ses études.

Car, à peine la propédeutique terminée, commençait la préparation du concours de l'externat. Si bien que l'étudiant,

1. Elle décrit tout simplement l'évolution dans le temps d'une particule massive non relativiste et introduit à la notion de probabilité en mécanique ondulatoire !

tout en continuant assez tranquillement de passer les examens par matière à la faculté (anatomie, biochimie, biophysique, etc.), se ruait le soir dans des conférences privées pour bachoter les questions demandées pour le concours de l'externat des hôpitaux, titre nécessaire pour présenter, un an plus tard, l'internat des hôpitaux, sésame d'une carrière hospitalière. Il était donc écartelé par cette dualité créée par Bonaparte entre la faculté et l'hôpital, car l'intégration que prônait la réforme Debré entre la faculté et l'hôpital n'était toujours pas devenue effective.

Comme souvent en France il faut une crise pour faire avancer les choses. Elle surgit de façon inattendue pour les médecins: ce fut la «révolution étudiante» de 1968. Elle allait entraîner une refonte complète des études de médecine s'inspirant du «livre blanc» pondu dans un délire de propositions nocturnes sous la houlette de Bernard Kouchner. Parmi les premières actions de la «révolution» de Mai 68, la suppression de l'externat des hôpitaux, au moment même où je préparais le concours...

Le 3 mai 1968, traînant nos sacoches pleines de classeurs, nous arrivions devant le grand blockhaus de la rue des Saints-Pères, que l'on appelait depuis déjà des temps immémoriaux la «nouvelle faculté de médecine», pour trouver closes les lourdes portes de bronze. «Ils» avaient fermé la faculté!

D'autres étudiants, se rendant eux aussi aux cours ou aux travaux pratiques, s'étaient rassemblés devant l'entrée de la faculté. Tout le monde parlait de l'arrêt complet des enseignements, d'une grève générale et des étudiants de Nanterre – ces pauvres littéraires – qui se répandaient en contestation depuis le mois de mars. Mais il fallait dire que cet état de fait était quasiment constitutionnel à Nanterre (quelle idée aussi de construire une fac au milieu d'une banlieue aussi éloignée du Quartier latin…) et aux sociologues (véritables chômeurs en formation…). C'était du moins le point de vue qui prévalait chez l'étudiant en médecine de base, qui se considérait, lui, à l'évidence, comme un seigneur des universités, assuré d'un emploi à la fin de ses études…

Un grand chevelu, sorti d'on ne sait où, se mit alors en hurler : « On doit occuper les amphis… Il faut rejoindre nos camarades qui se sont fait enfermer dans la fac par les appariteurs. Mort au mandarinat ! »

Et il commença à délivrer des coups de pied dans l'énorme porte, tout en nous faisant signe de le suivre dans une attitude « Bonaparte au pont d'Arcole », revue et corrigée… Nous comprîmes alors que le bâtiment était occupé par nos camarades de première année. Le groupe qui était dehors sur le trottoir voulut alors pénétrer pour suivre le chevelu et tous commencèrent à tambouriner sur les lourdes portes, en s'aidant des pavés qui traînaient sur le trottoir, comme par hasard en réfection. Un appariteur, accompagné par un groupe d'« occupants » finit par entrebâiller l'un des battants par l'intérieur pour comprendre les raisons de ce tumulte. Une cohue s'ensuivit. Se bousculant les uns les autres, les étudiants du trottoir pénétrèrent en masse dans le hall du bâtiment. Une contre-poussée un peu plus tardive des occupants chercha à refermer la porte sans aucune logique politique, mais laissant s'exprimer dans toute sa rigueur une des bases de la physique : l'action et la réaction.

J'attirai brutalement un de mes camarades qui se trouvait mal placé, mais incapable de manœuvrer dans la foule. Un autre resta coincé par la porte et faillit y perdre son bras. Ce que nous ne savions pas, c'était que la police venait de vider la Sorbonne, qu'elle avait arrêté 500 étudiants, qu'une barricade avait été dressée en signe de représailles et que débutaient « les événements de Mai 68 ».

LA LUTTE CONTINUE

Quand nous pénétrâmes, le lendemain, dans les locaux de la faculté, et cette fois sans difficulté, tout avait changé. Il n'était plus question de passer l'externat des hôpitaux, plus question d'assister à un cours. Et pour compléter le tableau, professeurs et personnel administratif avaient disparu. Le grand amphithéâtre Léon-Binet de la faculté de médecine avait été rebaptisé « amphithéâtre Che Guevara » par le comité d'action des étudiants de la rue des Saints-Pères. Il était bondé. Les étudiants de toutes les années s'étaient agglutinés sur les longues tables de bois. Le balcon, toujours désert lors des cours, était tellement plein qu'on voyait pendre dans le vide les jambes de ceux qui n'avaient pu trouver de la place qu'assis sur la rambarde, au risque d'être précipité, dans le vide par la poussée des nouveaux arrivants qui voulaient assister au « spectacle ».

L'orateur parlait d'une voix forte et calme. Son discours assénait les points successifs d'une démonstration sur le pouvoir médical et sur le carcan exercé par la caste des mandarins hospitaliers qui déformait à son profit l'enseignement d'une médecine sclérosée et autoritaire, en un mot qui résumait tout : une médecine bourgeoise.

Je reconnus l'orateur après quelques minutes : c'était L***. Je ne pus m'empêcher de sourire dans la pénombre de la foule car L*** était de mon amphi depuis le CPEM[1]. Si j'avais entendu plus de dix fois le son de sa voix en trois ans, c'était bien un maximum. Sombre, le cheveu long et crasseux, portant en permanence un col roulé noir et

1. Propédeutique médicale : durant cette première année, les études se passaient essentiellement en faculté de sciences dans les bâtiments de Jussieu. Puis on entrait en première année de médecine à la faculté des Saint-Pères. Il n'y avait en 1968 qu'une seule faculté de médecine à Paris. Seul avant-pont de la réforme Debré de 1958, le CHU de Saint-Antoine avait ouvert ses portes.

un costume de velours côtelé, il restait enfermé dans un mutisme farouche. Non seulement il ne répondait aux questions des assistants chargés des travaux dirigés que par des sons ressemblant à des borborygmes, mais il ne communiquait pas plus avec ses condisciples. On lui avait prêté, au début, une histoire romantique avec des amours exigeantes. Mais son absence totale d'implication dans nos petites vies d'étudiants nous avait peu à peu contraints à l'abandonner à son triste sort.

Et le voilà qui ressurgissait dans la lumière des projecteurs de la révolution. Ce muet était devenu intarissable. Ce laid devenait presque beau. Et dans la rigueur dogmatique de son discours, je croyais retrouver Saint-Just s'adressant à la Convention. Son discours prenait de la force, faisant vibrer le grand amphithéâtre plein à craquer :

– Il faut supprimer les mandarins de la médecine, criait-il sous un tonnerre d'applaudissements.

– Il faut les casser dans l'œuf, reprenait notre Che Guevara d'opérette, sous un nouveau tonnerre d'applaudissements.

Et dans une modulation parfaite de la voix, il concluait :

– Car le mandarinat, soyons clairs, commence à l'externat.

La salle partit en délire et en vociférations. L'externat était supprimé !

Le plus amusant de l'affaire était que bon nombre des présents étaient déjà externes et que dans leur envolée révolutionnaire ils sciaient la petite branche sur laquelle ils s'étaient assis en supprimant de leur future plaque d'installation ce petit titre, tellement rassurant pour les familles : « Ancien externe des hôpitaux de Paris ».

Il faut toutefois évoquer le côté positif de cette « révolution ». Ladite suppression permit à tous les étudiants en médecine d'obtenir une formation de qualité, ce qui était tout à fait l'esprit de la réforme Debré. Il n'était plus possible de devenir médecin sans avoir reçu une bonne formation hospitalière ; c'était bien la moindre des choses que l'on pouvait demander… Et quelque part, on quittait l'élitisme napoléonien pour entrer dans un autre monde plus juste et plus égalitaire.

Le terme « externe » disparut donc des textes et fut remplacé par « étudiant hospitalier ». Dans la pratique, aujourd'hui encore, on continue de les appeler « les externes ».

Alors, rien n'a changé ?

Si, un peu tout de même. L'externe du passé était déjà un membre à part entière de l'équipe médicale. En arrivant dans un service il gagnait le « tablier » qu'on passait sur la blouse et qui comportait une poche kangourou où s'accumulaient toutes sortes de paperasses et aussi son stéthoscope. C'était un signe distinctif qui le séparait de la foule des stagiaires. Il devenait quelqu'un d'important. Un petit mandarin en quelque sorte. L*** avait raison. Mais un certain nombre d'actes lui était réservé comme les ponctions pleurale ou lombaire*. « L'externe » était aussi le premier à examiner un nouveau malade. En chirurgie, il était l'aide prioritaire. Il restait six mois dans un service et pouvait remplacer l'interne en salle quand il était absent. Une grande limite à ses attributions cependant, il n'avait pas le droit de prescrire.

Les « étudiants hospitaliers » sont plus étudiants qu'hospitaliers. Ils restent moins longtemps dans les services (trois ou quatre mois seulement) et ils sont beaucoup plus nombreux. On a à peine le temps de les connaître qu'ils sont déjà partis. Mais ils sont studieux, curieux, et enthousiastes souvent. Ils nous posent les questions qui dérangent, ils ont la naïveté de la jeunesse et souvent ils nous remercient de notre accueil. On essaie de les former aux gestes de l'externe du temps passé, d'ailleurs ils ont une check-list de connaissances à acquérir que le maître de stage doit cocher.

En bref, ce n'est plus l'externe du passé mais ça fonctionne bien quand même. Et puis il y a toujours le cas de celui ou de celle qui vient vous voir en fin de stage pour vous dire :

– Monsieur, votre service, c'était formidable. C'est ce que je veux faire plus tard. Pourrais-je revenir dans votre équipe ?

Si ce n'est pas de la vocation…

28.

Le Léviathan

Pour comprendre l'hôpital moderne, il faut une fois encore revenir en arrière et chercher les modifications profondes qui ont gouverné à la conception de l'hôpital au XXe siècle. Bien entendu là comme ailleurs, ce sont les modifications dans l'esprit même de la médecine qui ont finalement entraîné le changement du « bâtiment hôpital » avec les retards et les délais habituels liés à la digestion des idées par les décideurs.

Jamais dans l'histoire, la médecine ne connut tel bouleversement depuis 1950. Qu'il s'agisse des médicaments, des opérations, des possibilités de l'imagerie médicale, ou des dosages biologiques, un abîme sépare les années 1950 de l'époque contemporaine. Ce fut une grande chance pour un médecin que de vivre cette épopée. Ce fut une grande chance pour les malades de connaître une telle révolution dans les possibilités de guérir. Ce fut une terrible révélation pour les pouvoirs publics que de comprendre que les coûts engendrés allaient peser lourd, très lourd, dans la trésorerie des états !

HEGP

Cette transformation fut tellement importante qu'il faut faire aujourd'hui un effort pour imaginer la situation de la médecine après la Seconde Guerre mondiale. Donnons quelques exemples : les antibiotiques n'existent pas encore, les traitements de l'insuffisance cardiaque et coronaire sont balbutiants, il n'y a presque pas de chimiothérapie anticancéreuse, la chirurgie ne peut réaliser que des exérèses, c'est-à-dire enlever l'organe malade, encadrées par une anesthésie balbutiante et une réanimation quasi inexistante. La chirurgie cardiaque n'est pas encore née, la chirurgie vasculaire non plus, la possibilité de dilater une artère et d'y poser un stent appartient à la science-fiction ! Les techniques mini-invasives, qui permettent des opérations par des petits trous de trocarts grâce à une caméra, n'ont même pas été envisagées. Mes premiers patrons en chirurgie prônaient au contraire l'ouverture la plus large possible : « Aux grands chirurgiens, les grandes incisions ! » Rien que d'y penser...

Il a fallu faire un sérieux effort pour aller contre l'avis des maîtres, pour être capable d'opérer en regardant un écran de télévision sans véritablement ouvrir le ventre ou la poitrine, pour ne plus se sécuriser par cet instinct naturel du travailleur manuel, l'axe œil-main !

Pour faire des diagnostics, on avait sa langue pour interroger le malade, ses yeux pour l'examiner, ses mains pour le palper et ses oreilles (aidées par le bon vieux stéthoscope de Laennec) pour l'ausculter, et la vérité sortait d'un tel exercice effectué par les grands cliniciens. Pour « voir » l'intérieur du corps, seule la radiographie simple existait, aidée parfois par l'utilisation de produits opaques aux rayons X comme la baryte ou l'iode, et fournissait de formidables renseignements complémentaires au simple examen clinique. Mais l'échographie n'existait pas, pas plus que le scanner et encore moins l'IRM[1] ! L'endoscopie, c'est-à-dire la possibilité d'introduire une optique par les orifices du corps, n'apparaîtra que bien plus tard…

Du côté des laboratoires, on savait certes compter les globules sanguins et doser les principaux ions du sang depuis longtemps, mais bien des dosages effectués en routine aujourd'hui n'avaient pas été mis au point. Quant aux techniques pour y parvenir, elles restaient artisanales, quand on les compare aux robots modernes. N'oublions pas qu'un examen aussi basique qu'identifier un groupe sanguin reste une technique récente (Landsteiner et Wiener ne découvrent le groupe rhésus qu'en 1940) et les premières banques du sang ne s'installeront que progressivement à partir des années 1950[2].

Soyons clairs, tout ce formidable progrès de la médecine n'est que la traduction d'un effort de recherche sans précédent, dont les États-Unis ont été le modèle et le moteur pendant toutes ces années, soumettant leur rigueur et leur méthode aux groupes de recherche et aux médecins du monde entier, tout en imposant au passage leur langue comme langage scientifique véhiculaire…

Alors les médecins aussi ont dû s'adapter pour réaliser leurs rêves. C'est la période que j'ai connue. Et comme disait Paul Valéry, « La meilleure façon de réaliser ses rêves est de se réveiller », je peux également porter témoignage de ces bouleversements, à mon modeste niveau.

*

* *

1. L'IRM est l'imagerie par résonnance magnétique qui permet de voir l'intérieur du corps en utilisant un champ magnétique.

2. L'Institut national de transfusion sanguine fut créé en 1949.

On considère maintenant que les connaissances médicales doublent en volume tous les sept ans. Mais voilà, la durée des études de médecine n'est que de sept ans pour le tronc commun qui amène au diplôme de docteur en médecine. Il ne peut augmenter indéfiniment au prétexte de l'augmentation des connaissances. Ensuite commencent les spécialités par le biais de l'internat et leur durée est de quatre à cinq ans, à laquelle il faut encore ajouter une année de recherche pour ceux qui se destinent à une carrière hospitalière... Alors si on ne veut pas que les médecins terminent leurs études quelques années seulement avant l'âge de la retraite, il faut tenir les délais ! Aux professeurs de médecine de faire le tri entre ce qui est nouveau et qui mérite d'être connu et ce qui est ancien et doit rester dans l'esprit de tous.

Exercice difficile qu'ils font avec plus ou moins de bonheur et d'efficacité !

Les médecins qui terminent leur carrière actuellement ont fait leurs études entre les années 1960 et 1970. Il existe une différence considérable entre ce qu'ils ont appris sur les bancs de la faculté et la médecine qu'ils exercent aujourd'hui. Comment ont-ils été informés de tous ces changements ? Par les congrès médicaux et les enseignements postuniversitaires ? Oui, bien sûr. Et cela a été efficace... Mais qui a pris en charge cette formation complémentaire ?

Assez peu les médecins, sur leurs propres budgets, car ils ont été aidés largement par l'industrie pharmaceutique qui a organisé les congrès, payé les voyages, choisi les orateurs pour nombre de ces réunions médicales... L'université n'avait pas les moyens financiers de piloter et d'assumer cet enseignement postuniversitaire, laissant ainsi la voie libre au privé qui n'a pas manqué de s'engouffrer dans la brèche...

Bien entendu, l'industrie n'a pas fait cet effort sans compensation, d'autant plus que ces congrès, on s'en est suffisamment gaussé, avaient lieu au bout du monde. Il a fallu que cette noble industrie s'y retrouve, par le prix des médicaments d'abord, que les assurés sociaux paient en absorbant des comprimés et en favorisant la prescription. Il est vrai qu'une grande partie de l'enseignement postuniversitaire de certains médecins installés en ville a été assurée par les visiteuses médicales, plus ou moins accortes, plus ou moins compétentes, qui débitaient leur leçon apprise par cœur dans le seul but de faire prescrire de plus en plus leurs médicaments en promettant parfois des avantages de toutes sortes (sauf financiers directs, c'est interdit !) au meilleur prescripteur.

La dernière perversité de l'action des laboratoires a été de proposer sans arrêt de nouvelles molécules dont l'action étudiée scientifiquement sur de grandes populations démontrait toujours un bénéfice par rapport aux médicaments antérieurs, moins efficaces apparemment et surtout moins chers car tombés dans le domaine public et donc n'étant plus soumis à l'exclusivité de l'inventeur. Pendant cinquante ans, on a donc été entraîné dans une sorte de « fuite en avant » dont l'objectif a été l'amélioration permanente des traitements, mais aussi, il faut le reconnaître, l'augmentation des coûts et de la consommation.

Tous ces points négatifs, largement favorisés, nous l'avons vu, par la carte blanche laissée, faute de moyens, par l'université à l'industrie pharmaceutique pour assurer un enseignement postuniversitaire impartial et renseigné. Ce fut à l'évidence la responsabilité des pouvoirs publics d'avoir laissé « filer » le privé au détriment de l'université. Ils furent pourtant alertés à plusieurs reprises par certains professeurs de médecine sur les conséquences négatives en matière de coûts de santé publique qu'avait cette attitude. Mais les politiques furent, comme souvent dans ce domaine, incapables de voir loin et efficacement. Le budget des facultés était insuffisant, certes, mais peu importait en pratique, puisque le privé faisait le travail à leur place... D'ailleurs, personne ne se plaignait. Alors, à quoi bon distordre le budget de l'État ? Certes les coûts de santé augmentaient, mais ce n'était pas le même ministère, pas la même caisse. Il serait toujours temps de voir...

Et pour voir, on a vu !

Malgré tout, sur le plan médical, le résultat peut être considéré comme « globalement positif », sans vouloir plagier un ancien homme politique... Les laboratoires pharmaceutiques ont inventé de plus en plus de molécules, dont certaines se sont révélées déterminantes dans la prise en charge de maladies graves. Les docteurs ont soigné. Parfois trop... Souvent trop cher... Et exceptionnellement, inutilement.

La durée moyenne de la vie a augmenté comme jamais dans l'Histoire, permettant à une petite fille d'aujourd'hui d'avoir une espérance de vie de centenaire... Même les hommes ont gagné plus de dix ans d'espérance de vie en un demi-siècle. Et cette augmentation n'a pas été obtenue par la suppression de la mortalité infantile mais essentiellement par la prévention des maladies cardio-vasculaires et à un moindre degré par la prévention des cancers.

*
* *

Quid de l'hôpital dans tout ça ? Les débuts de l'hôpital moderne à Paris peuvent raisonnablement être situés en 1935, avec l'ouverture du nouvel hôpital Beaujon à Clichy. Ce bâtiment signe la rupture avec les vieux hôpitaux pavillonnaires qui ne correspondent plus aux impératifs de la nouvelle médecine. Bâtiment monobloc de onze étages, desservi par des ascenseurs centraux (qui allaient vite se montrer insuffisants !). Beaujon rassemble pour l'époque tous les équipements médico-techniques les plus perfectionnés. Les salles d'opération sont révolutionnaires. Installées à chaque étage selon les spécialités, groupées verticalement selon qu'elles sont septiques (à l'est) ou aseptiques (à l'ouest), elles disposent d'un appareillage fonctionnel doté d'éclairages scialytiques, spécialement conçus pour éviter les ombres portées, et d'un système de stérilisation moderne par autoclave. C'est Pasteur qui aurait été content !

Au début des années 1960, les vieux hôpitaux parisiens se trouvent dans l'impossibilité de faire face à deux impératifs : l'expansion démographique des communes de la couronne et l'intégration des structures d'enseignement et de recherche. Il fallait donc réagir en construisant des hôpitaux, là où les malades se trouvaient, c'est-à-dire en banlieue pour désengorger Paris intra-muros, tout en modernisant les structures existantes souvent vétustes ou détruites par la guerre. Un sacré défi.

Ainsi fut décidée la construction de cinq hôpitaux qui n'ouvrirent qu'à la fin des années 1960 jusqu'au mitan des années 1970 : Ambroise-Paré à Boulogne (1969), Henri-Mondor à Créteil (1971), Louis-Mourier à Colombes (1971), Antoine-Béclère à Clamart (1971) et Jean-Verdier à Bondy (1975). Ces hôpitaux d'aigus (MCO, médecine, chirurgie, obstétrique) furent immédiatement renforcés par un réseau d'hôpitaux de chroniques ou de rééducation : Albert-Chenevier à Créteil (1959), Charles-Richet à Villiers-le-Bel (1965), Dupuytren à Draveil (1967) complété par 400 lits à Joffre (1969) et enfin René-Muret à Sevran (1967).

Dans Paris même, dès les années 1960, il devint impératif de moderniser le parc hospitalier existant. Il s'agissait d'abord de supprimer une grande partie des salles communes devenues insupportables pour la plupart des patients, si bien que l'apport considérable de lits nouveaux entre 1965 et 1975 ne modifia pas réellement les capacités d'hébergement de l'institution dans la capitale. En effet, la construction de chambres consomme plus de surface que la même quantité de lits disposés sur une seule salle, mais le confort des patients en est nettement amélioré... Dans le même temps, l'application de la réforme hospitalo-universitaire de 1958 imposa à l'Assistance publique d'adapter les nouveaux hôpitaux universitaires au plein-temps des médecins et à la recherche.

Elle choisit souvent de répondre à ce que l'on peut nommer une logique d'organe pour tenir compte des progrès médicaux qui ne peuvent pas toujours trouver leur place dans un hôpital général. Ainsi, comme Jean Hamburger lance la France dans la transplantation rénale, on lui construit un «palais du rein» à l'hôpital Necker où sont rassemblés les services de néphrologie, d'urologie et de transplantation rénale ainsi qu'un plateau technique lourd dans cette nouvelle discipline qui devient indispensable, l'immunologie. À Broussais, Charles Dubost commence la chirurgie cardiaque, on lui édifie, aidé par des financements privés, un «palais du cœur», le pavillon Leriche, avec des blocs opératoires modernes adaptés aux nouveaux impératifs de cette chirurgie, des laboratoires de recherche et un centre de transfusion sanguine... À Saint-Louis, ce seront les maladies du sang, à la Salpêtrière le «pavillon du cerveau et de la moelle épinière», et ainsi de suite. Chaque fois, un homme ou une école, un lieu, une histoire, une tradition...

Bien évidemment, une telle foison de constructions imposa de trouver le personnel nécessaire à son fonctionnement. Vingt écoles d'infirmières furent créées entre 1950 et 1975 et l'effectif du personnel hospitalier diplômé passa de 10900 en 1963 à 17400 en 1972, soit une augmentation de 60 %. Conséquence de la réforme des CHU, les universitaires et les étudiants envahirent l'hôpital et plus de 3000 médecins hospitalo-universitaires dont 1100 professeurs se retrouvèrent à l'AP-HP[1] pour encadrer 3000 internes et 4860 étudiants.

Aujourd'hui la situation est la suivante: 37 hôpitaux regroupés en 12 groupes hospitaliers (GH), c'est-à-dire: 22474 lits et 1681 places de jour. 350 lits de soins intensifs (réanimation). 1 million de prises en charge en court séjour par an. 4,686 millions de consultations par an. 1 million d'urgences par an. Un budget de 6,5 milliards d'euros en 2008 contre 5,99 en 2007 et 5,84 milliards en 2006, dont 70 % environ servent à payer le personnel médical (PM) soit 20660 médecins et le personnel non médical (PNM) soit 71800 agents (dont 16700 infirmiers).

Sur le papier, on a fabriqué le premier centre hospitalier d'Europe. En pratique, on a accouché d'un monstre!

*

* *

Quelques années avant la construction de l'hôpital Pompidou à Paris, nous avions été convoqués, Alain Carpentier et moi-même, pour une réunion qui devait valider les plans du futur hôpital, où notre service de chirurgie cardio-vasculaire devait migrer. Face à nous (les docteurs utilisateurs!) se trouvaient les architectes et les membres de

1. L'Assistance publique-Hôpitaux de Paris.

l'administration centrale de l'AP-HP (les maîtres d'œuvre en quelque sorte). Le ton de la représentante de l'administration, petite femme au physique revêche, était d'emblée plutôt désagréable. S'adressant au professeur Carpentier et m'ignorant totalement, elle lâcha :

– J'espère, monsieur le professeur, que les locaux que l'on a attribués à votre service vous conviennent !

Il y avait une certaine agressivité dans la façon que cette femme avait de s'adresser à Alain Carpentier, dont la renommée internationale avait pesé dans l'attribution de surfaces vastes et bien disposées sur trois étages pour la chirurgie cardio-vasculaire ! Il y avait comme un reproche, du genre :

– Vous avez été déjà trop bien servi, alors validez ces plans et qu'on n'en parle plus…

C'était mal connaître le professeur Carpentier. S'il acceptait les structures et les surfaces proposées, il pensait qu'il fallait revoir leur agencement. Et nous avions préparé une liste de points noirs, concernant particulièrement l'organisation et la logique mêmes du fonctionnement du bloc opératoire, lieu où notre légitimité d'intervention pouvait difficilement être discutée. Les cloisons semblaient mal positionnées, le système de la « marche en avant » choisie par l'administration ne convenait pas à notre discipline, les portes n'étaient pas transparentes et automatiques, nécessitant des manipulations avec les mains pour les ouvrir, les locaux de réserve étaient jugés insuffisants pour une chirurgie manipulant autant de matériel, et jusqu'aux portes des salles d'opération qui avaient été conçues trop petites pour laisser passer les lits équipés des seringues automatiques ou des machines de cœur artificiel des malades… Un peu ennuyeux tout de même… C'était presque comme oublier l'escalier dans une maison à plusieurs étages !

Bref, on en prenait pour des heures de discussions, car le seul but de l'administration était manifestement de réfuter point par point toute modification proposée. Comme si changer un bouton de porte était un problème, alors que la première pierre de l'hôpital n'avait pas encore été posée. Alain Carpentier ne lâcha pas la discussion, restant poli mais étayant son discours de ses quarante ans de chirurgie et sa connaissance de tous les hôpitaux du monde... Tout aussi accrocheuse, la représentante de l'administration ne cédait pas d'un pouce, niant l'évidence ou se permettant d'affirmer des choses qui auraient fait d'elle un chirurgien confirmé. Les architectes notaient mais ne prenaient pas parti dans cette foire d'empoigne. À la fin, n'y tenant plus, notre administratrice referma brutalement son dossier et interrompit la séance en s'écriant :

– Depuis quand demande-t-on l'avis des médecins pour construire un hôpital !

Cette phrase sortie du cœur m'avait profondément choqué sur le moment.

En effet, pensai-je, à qui demander comment fonctionne un hôpital et ce qui est souhaitable d'y faire pour soigner les patients, sinon aux médecins dont c'est le métier ? D'ailleurs un hôpital sans médecins n'aurait aucun sens...

Le fond du problème qui échappe souvent aux médecins eux-mêmes, c'est que l'hôpital a toujours eu dans l'histoire une fonction structurante de la médecine, dépassant très largement les aspirations des médecins ou même les soins donnés aux malades ! Les médecins, en d'autres termes, raisonnent en fonction de la discipline qu'ils pratiquent, de la place qu'ils estiment juste qu'on attribue à celle-ci tout en traduisant en surface leur propre renommée. C'est une conception presque notariale du service hospitalier. Qui aboutit à l'équation : grande discipline, grand patron, grand service.

Mais l'Hôpital (avec un grand H), reflet de la société qui l'édifie, s'est accordé un autre rôle, qui dépasse les aspirations des médecins mais témoigne de manière beaucoup plus complexe la façon dont la société intègre à un moment donné sa conception de l'homme et de la maladie. La place du médecin est tout à fait secondaire et, excepté quelques situations très particulières, on peut dire que l'hôpital ne s'articule pas autour du corps médical. L'essentiel, quand on est médecin, c'est de le savoir !

Cette réunion avec l'administration nous avait glacés. En revenant vers notre bon vieil hôpital Broussais avec Alain Carpentier nous ne savions que penser et encore moins que dire. Nous qui avions rêvé de cet hôpital du XXIe siècle, mais que nous préparait-on ? Nous qui pensions apporter des idées nouvelles qui devaient révolutionner toutes les conceptions hospitalières européennes, faire partager l'expérience que nous avions accumulée depuis la création de la chirurgie cardiaque, qu'allait-on pouvoir communiquer ? On ne souhaitait même pas notre avis. La moindre suggestion de notre part passait pour un caprice ! Qu'est ce qui n'allait pas dans cet hôpital, pourtant magnifique dans son architecture, inégalé dans son hôtellerie, rationnel dans l'analyse du circuit des patients ?

Je ne le compris pas tout de suite…

*

* *

L'Hôpital européen Georges-Pompidou ouvre ses portes en 2000. Date fatidique pour l'hôpital du XXIe siècle !

Je m'en souviens très bien, j'y ai fait la première opération en juillet après un déménagement mouvementé. C'est un hôpital d'une architecture magnifique, centré par une rue hospitalière où il est prévu d'ouvrir des boutiques, des locaux associatifs, une salle de sport... En bref, une nouvelle conception de l'hôpital ouvert sur la ville, bien différent de l'hôpital fermé du passé avec sa loge du concierge qui contrôle les entrées et interdit les sorties ! Les chambres sont spacieuses, comprennent toutes un cabinet de toilette avec douche et WC. Plus de 80 % d'entre elles sont individuelles. Avec cela, un plateau technique exceptionnel, une imagerie de pointe, des laboratoires de biologie et de pharmacie complètement robotisés, des salles d'opération et de réanimation très bien équipées.

Le bonheur des malades et des médecins en quelque sorte...

On peut le considérer comme l'aboutissement de tous les efforts de l'hospitalisation du XXe siècle : qualité et rationalisation des soins, confort des malades, humanisation des conditions d'hospitalisation. Est-il pour autant l'hôpital du XXIe siècle qu'il prétend être ?

Hélas, non, il reste un hôpital du temps de sa conception, c'est-à-dire du XXe siècle, car un élément fondamental a changé et devient incontournable actuellement : la prise en charge financière des soins engagés. Pendant des années, on ne s'est même pas préoccupé des coûts de santé : on a soigné. Le retard était considérable, les besoins immenses... Ainsi, on a soigné et équipé sans compter. Mais cet équipement progressif et surtout le progrès exponentiel de la médecine a rapidement transformé le budget de l'Assurance maladie en un monstre d'une ampleur et d'une lourdeur inquiétante, dépassant celui de l'État. Dès les années 1990, des mesures très contraignantes ont dû être prises. En bref, il fallait faire des économies... Et dans un hôpital comme dans toute entreprise, faire des économies, c'est d'abord se pencher sur l'enveloppe des salaires. Car à l'hôpital, les salaires correspondent à un peu plus de 70 % du budget global !

L'hôpital du XXIe siècle est donc confronté à cette réalité, il ne peut plus s'envisager qu'à l'aune d'une optimisation des tâches permettant des économies de ce bien qui devient le plus précieux, le temps de travail des professionnels, car il faut gagner de la masse salariale à tout prix...

L'hôpital Georges-Pompidou, conçu dans les années 1980, quand on envisageait de construire l'hôpital du XVe arrondissement, ne tient compte que des soucis du temps : la qualité de l'accueil des patients, la modernité du plateau technique et le confort des soins. Ainsi, pour accueillir les patients, le projet hospitalier répartit les unités administratives en treize lieux différents, proches des unités d'hospitalisation (13 sites, pas rentable en termes d'emplois concernés[1] !) et définit une équipe hôtelière chargée du confort des hospitalisés et d'offrir, comme dans un hôtel, des prestations de chambre et de restauration spécifiques (trop coûteux)...[2] De même, les blocs opératoires de Pompidou ont été construits sur trois niveaux (du premier au troisième étage !) échappant à la logique moderne du bloc commun qui permet des économies de personnel par fusion des équipes et mutualisation des salles en cas de difficultés. Les unités de réanimation et de réveil ont été dispersées dans l'hôpital, suivant les blocs eux-mêmes dispersés, ce qui augmente de façon concomitante le nombre d'équipes de garde en termes de personnel tant médical

1. Il vaut mieux un lieu unique où sont rassemblés tous les personnels dédiés et tant pis s'il faut faire la queue !

2. Le choix, fait dix ans plus tard, a été de supprimer cette équipe hôtelière et d'en faire porter la charge par les équipes soignantes, quitte à les augmenter. C'est ainsi que les aides-soignantes s'occupent d'aider les malades dépendants à se restaurer.

que non médical. On a construit des unités d'hospitalisation de huit voire de cinq lits, ce qui est certes très sympathique et très intime mais qui sous-occupe une équipe soignante : une infirmière doit gérer au moins douze lits dans les ratios habituellement acceptés...

Et ainsi de suite !

Ce merveilleux hôpital, fleuron de l'AP-HP, coûte cher. C'est sa tare. On a fait un hôpital de luxe, il coûte plus cher qu'un des bons vieux hôpitaux de la fonction publique parisienne auquel on s'était habitué avec ses lenteurs, ses inconforts, sa brique et ses murs gris mal lessivés... L'entretien pèse nettement plus sur Pompidou que sur un autre hôpital de même capacité (au moins 4 % du budget en supplément !). Il porte une lourde dotation aux amortissements, conséquence de sa construction onéreuse. Il traîne ce déficit comme un boulet au pied et les médecins de Pompidou qui regardent le ciel au travers de la magnifique verrière, s'en prennent parfois à regretter le vieux zinc ou la bonne tuile qui couvraient leurs hôpitaux d'origine. Comme l'a écrit Rabelais dans son *Pantagruel* : « Ami, vous noterez que par le monde y a beaucoup plus de couillons que d'hommes, et de ce vous souvienne. »

Toutefois, il est vrai aussi que lorsqu'on vient de remémorer l'histoire millénaire des hôpitaux, et les extraordinaires progrès de la médecine, rien de tout cela n'a vraiment d'importance.

ANNEXES

Glossaire

Chef de clinique : Celui qui n'est pas le chef (de service) et qui ne travaille pas dans une clinique (libérale) ! Ce vieux titre prestigieux est en fait un titre universitaire ; le chef de clinique est chargé à l'hôpital universitaire de l'enseignement des étudiants au lit du malade. Il a également une fonction de recherche. Il est aussi assistant des hôpitaux universitaires et à ce titre il assure les soins de patients. Sa nomination est prononcée par le doyen de la faculté de médecine et par le directeur régional du centre hospitalo-universitaire sur la proposition du chef de service concerné. La fonction fut créée en 1823 pour l'enseignement des stagiaires hospitaliers. Mais les chefs de clinique constituent actuellement la cheville ouvrière des services hospitaliers et leur fonction de soin prend souvent le pas sur leur rôle d'enseignant, ce qui justifie une grande vigilance des doyens pour lesquels l'enseignement doit rester la fonction primordiale des CCA (chefs de clinique-assistants).

Surveillante : Autrefois la surveillance des services était dévolue aux religieuses, qui faisaient appliquer la discipline auprès des personnels comme l'on dirige un couvent. Au cours des siècles, cette fonction s'est progressivement laïcisée, mais la surveillante générale d'un service hospitalier était proche du patron médecin, et d'ailleurs on l'appelait souvent la « patronne ». Ce couple dont on a pu vanter l'efficacité s'est modifié à partir du moment où, en 1962, s'est créée l'école des cadres infirmier de l'AP-HP. La surveillante est devenue un cadre infirmier et l'infirmière générale, la directrice coordinatrice des soins, nommée par la direction de l'hôpital. Cette formation a naturellement éloigné les infirmières des médecins et les a rapprochées de l'administration. La loi HPST[1] modifie cependant ce schéma en créant des cadres de pôle d'activité qui ont délégation contractuelle de gestion d'objectifs et de moyens. On en est là. Affaire à suivre dans cette relation complexe…

Capote bleue : La blouse blanche est l'emblème même du personnel hospitalier. Pourtant la tenue hospitalière a longtemps été noire (symbole d'une haute tenue morale). Ce n'est qu'à la fin du XIXe siècle, à l'heure des élèves de Pasteur, que la couleur de la blouse devient le blanc. Les médecins portèrent longtemps un tablier avec une poche kangourou dans laquelle ils recelaient leurs petits secrets et leur stéthoscope. Ce tablier était donné aux nouveaux externes, et signifiait donc le premier grade de la hiérarchie hospitalière. Puis l'interne pouvait acquérir la fameuse capote bleue brodée à son nom, témoin aussi de la nécessité de circuler à l'extérieur des bâtiments, au risque d'attraper une pneumonie l'hiver en quittant des salles surchauffées, dans une conception pavillonnaire des hôpitaux héritée des conceptions pastoriennes.

Saignée galénique : Elle consiste à inciser une veine du bras pour laisser s'écouler une quantité plus ou moins importante de sang. Sa logique vient de la théorie des humeurs prônée par Hippocrate et reprise par Galien. Dans cette théorie, quatre humeurs

1. Hôpital, patients, santé et territoires.

doivent être en équilibre pour assurer la santé : le sang, la bile, la lymphe ou pituite et l'atrabile ou bile noire (la mystérieuse !). En cas de maladie, le sang se charge d'humeurs peccantes qui doivent être éliminées par la saignée. Une autre façon d'éliminer ces mauvaises humeurs (qui pèchent) est évidemment le lavement, si bien que clystère et saignée furent pendant longtemps les deux mamelles de la médecine. Le XVIIe siècle fut l'apogée de cette pratique, ce qui entraîna les sarcasmes de Molière : « Pour revenir, donc, à notre raisonnement, je tiens que cet empêchement de l'action de sa langue est causé par de certaines humeurs qu'entre nous autres, savants, nous appelons humeurs peccantes, peccantes, c'est-à-dire... humeurs peccantes. » *Le Médecin malgré lui*, II, 4.

Hémostase : Théoriquement l'ensemble des phénomènes qui déterminent l'arrêt du saignement lorsqu'un vaisseau sanguin est blessé (coagulation du sang, action des plaquelles...). Dans la pratique, ici, on s'intéresse surtout à l'hémostase chirurgicale, cauchemar éternel des barbiers-chirurgiens de tout poil. Il existe depuis toujours deux façons de réaliser une hémostase : lier le vaisseau avec un fil ou avec un clip de fer (ou un crin pour Ambroise Paré) ou bien le cautériser, c'est-à-dire le brûler (ce que réalise grossièrement le tisonnier brûlant des anciens ou plus finement le bistouri électrique des modernes). Mais le fond du problème reste toujours le même : le chirurgien en terminant son opération doit s'assurer que plus rien ne saigne sur le site opératoire, sinon la reprise chirurgicale, souvent nocturne, s'imposera.

Barbier-chirurgien : L'ancien métier de barbier-chirurgien remonte en fait à une époque où la chirurgie a été condamnée par l'Église. En 1163, lors du concile de Tours, l'Église décrétait qu'elle avait le sang en horreur : *Ecclesia abhorret a sanguine.* Cette interdiction de la pratique de la chirurgie par les médecins, la plupart à l'époque membres du clergé, laissa le champ libre aux barbiers qui, par la force des choses, tenaient rasoirs et lancettes et possédaient (les seuls à l'époque) des lames coupantes. Il leur revint ainsi le redoutable rôle d'inciser les abcès, de pratiquer les saignées (souvent avec le même instrument !) ou de réduire les luxations. Ces barbiers-chirurgiens, ne dépendant pas de l'université (et pour cause !), furent péjorativement considérés comme des manuels ignorants (ce qui était souvent exact) et à ce titre furent ignorés des médecins formés par les facultés de médecine et discourant en latin ! La chirurgie et la dentisterie se trouvèrent ainsi reléguées à un rang inférieur pour de nombreuses années. Une véritable individualisation du métier de chirurgien se fit pourtant, grâce à un certain Jean Pitard qui fut le barbier-chirurgien de Saint Louis, puis de Philippe le Hardi et enfin de Philippe le Bel (faire la barbe du roi suppose confiance et intimité !). Afin de mettre un peu d'ordre, il eut l'idée de réunir les chirurgiens parisiens en une corporation. En 1268, Louis IX créa, à sa demande, la confrérie de Saint-Côme et de Saint-Damien (patrons des chirurgiens) qui définissait et organisait le métier pour la première fois. Une petite église fut construite à l'angle de la rue de la Harpe et de la rue des Cordeliers (angle actuel du boulevard Saint-Michel et de la rue de l'École-de-Médecine). Les chirurgiens qui s'y réunissaient portaient une robe longue et, le premier lundi de chaque mois, ils donnaient des consultations gratuites, auxquelles les apprentis chirurgiens étaient tenus d'assister. Sur cette base naquit le Collège de chirurgie, baptisé « confrérie de Saint-Côme ». Les premiers statuts de cette confrérie furent publiés en 1379. Sous la direction de six chirurgiens-jurés, des examens étaient imposés à tout barbier désireux de pratiquer la « cyrurgie ». Cela aurait pu être l'origine d'une organisation salutaire. Malheureusement, les siècles qui suivirent ne firent que concourir à la confusion. Et de décrets en édits, d'édits en ordonnances, le métier de barbier-chirurgien recouvrit en fait de nombreuses compétences différentes, allant du simple barbier-coiffeur au vrai charlatan en passant par le maître chirurgien de la Confrérie. Si bien qu'au début du XVIIe siècle on était revenu au désordre, et les chirurgiens restaient séparés en deux groupes qui se jalousaient sauvagement :

– Les chirurgiens-barbiers, dits de robe courte, dont la pratique chirurgicale se contentait de soigner clous, anthrax, bosses et charbons. Ils devaient aussi bien raser et couper les cheveux qu'ouvrir les abcès, mettre des ventouses et surtout saigner. En général, ils tenaient échoppe en ville. Certains pourtant étaient des « ambulants ». Personnages pittoresques, hauts en couleur, ils se transmettaient de père en fils, ou de maître à élève, le secret d'une opération qu'ils réalisaient vaille que vaille, de bourg en bourg. Ceux-là ne faisaient que « la hernie » ou que « la cataracte », et pratiquaient de façon illégale et officieuse, néanmoins tolérée.

– Et les maîtres chirurgiens, qui avaient droit au port de la même longue soutane noire que les médecins (ce que les médecins n'appréciaient pas du tout !) ; ils étaient dits de robe longue, souvent réunis en confrérie comme celle de Saint-Côme, et ils pratiquaient les seules opérations possibles à cette époque. Bien entendu, ils ne parlaient pas le latin, n'avaient pas étudié à la faculté et restaient méprisés des médecins. Certains prétentieux parmi eux se perdaient plus en joutes oratoires avec les médecins ou en vaine dialectique entre eux qu'en saine pratique.

La subordination aux médecins restait la règle et pour tous elle pesait de façon insupportable. Ainsi, depuis toujours, les chirurgiens de Paris allaient tous ensemble à la faculté de médecine le lendemain de la Saint-Luc. Ils étaient obligés de payer pour tout le collège un écu d'or de redevance conformément aux anciens contrats passés entre la faculté et les barbiers. Le premier chirurgien du roi, en cette qualité, prêtait serment entre les mains du premier médecin du roi… Il fallut attendre Félix et le traitement de la fistule anale de Louis XIV pour que la possibilité de former des chirurgiens-docteurs en médecine soit envisagée. Mais c'est une autre histoire, comme disait le grand Rudyard…

Sujets : Eh oui, les carabins ne désignent pas les cadavres qu'ils dissèquent par le nom de « macchabée » comme pourrait le faire accroire la célèbre chanson de salle de garde, ils parlent de « sujets ». La fameuse dissection sur sujets humains est un temps redouté des études de médecine. Elle survient habituellement au cours de la deuxième année des études et se passe au pavillon d'anatomie sous la direction des prosecteurs.
L'anatomie est la bête noire des étudiants : mémoriser tous ces noms et réciter leurs rapports intimes paraît étouffant. Décrire, passe encore. Mais mémoriser ! Pourquoi le mot qui nomme sans expliquer apporte-t-il de l'efficacité dans la description et la mémorisation ? Il y a là un rôle et pour tout dire une propriété du mot, dont les anatomistes se servent à plaisir : le pressoir d'Hérophile, la veine de Galien, l'aqueduc de Sylvius, le tubercule de Lisfranc, la valvule mitrale (car elle ressemble à un chapeau d'évêque), l'artère honteuse (car elle se dirige vers le pénis !), le canal déférent (qui conduit la semence masculine), le réseau admirable (qui avait ébloui celui qui l'avait découvert !)... Et quand ils ne trouvent pas une propriété, son nom ou celui d'un illustre collègue à mettre sur une structure, ils choisissent de la nommer par l'absence de nom : ainsi « le tronc veineux innominé » désigne la grosse veine qui barre la partie supérieure du thorax.

Administration générale de l'Assistance publique de Paris : Elle fut créée par la loi du 10 janvier 1849 pour remplacer le Conseil général des hospices de 1801. Ses deux principales missions étaient clairement affichées : le secours aux indigents et les soins aux malades. Mais dès 1793 la notion d'assistance était clairement annoncée pour la protection de l'enfance et la Convention décidait de se substituer aux institutions religieuses pour prendre en charge les enfants abandonnés : « La Nation se charge désormais de l'éducation physique et morale des enfants connus sous le nom d'enfants abandonnés et qui seront désormais indistinctement appelés orphelins. » D'où l'expression encore utilisée : « C'est un enfant de l'Assistance. »

Internat et externat des hôpitaux: Le 4 ventôse an X (10 février 1802), un décret portant sur un «règlement général pour le Service de santé» institue l'internat et l'externat des hôpitaux de Paris. L'article 24 de ce décret précise que «l'examen pour les élèves internes en médecine ou en chirurgie aura pour but de constater qu'ils sont en état de profiter de l'instruction pratique que l'on acquiert dans les hospices; en conséquence, ils seront interrogés sur les différentes parties qui constituent la théorie de l'art. Toutefois, l'examen sera plus particulièrement dirigé vers la partie d'instruction nécessaire à la place à laquelle ils aspireront.» Le 26 fructidor an X (13 septembre 1802), le premier concours de l'Internat se déroule dans la salle du conseil des hospices de la préfecture de la Seine. Sur les 64 candidats qui se présentent, 24 sont nommés. Créé pour pallier l'absence de médecins permanents dans les hôpitaux, peu nombreux à la création, le succès de l'internat et de l'externat est total et le rôle de ces jeunes médecins devint prépondérant pour prendre en charge les malades hospitalisés. Si bien qu'en 1900 on compte un interne pour chaque chef de service et un externe pour vingt malades dans les services de médecine. Dans les services de chirurgie et d'accouchement, on trouve deux à trois internes pour chaque chef de service et un externe pour douze malades. Actuellement, l'internat dure de trois ans (pour l'internat de médecine générale) à cinq ans (pour l'internat de chirurgie). L'interne doit valider l'ensemble des stages de six mois requis pour son diplôme d'études spécialisées. Ces stages peuvent être hospitaliers, en structures de soins extra-hospitalières ou effectués auprès de médecins généralistes. Il soutient un mémoire portant sur un sujet de sa spécialité qui peut être confondu avec sa thèse d'exercice lorsque celle-ci est soutenue lors de la dernière année d'internat. Cette dernière lui confère, après soutenance avec succès, le diplôme d'État de docteur en médecine. L'interne peut effectuer des remplacements de médecins installés, sous réserve qu'il ait validé un certain nombre de semestres, et qu'il ait obtenu une «licence de remplacement» auprès du conseil départemental de l'Ordre des médecins). Comme les externes, les internes sont salariés sous contrat à durée déterminée, rattachés à une caisse de sécurité sociale non étudiante et, comme tout salarié, ont cinq semaines de congés payés.

Pustule : Par définition la pustule est un soulèvement cutané contenant du pus. Dans la description dermatologique, elle se distingue donc de la papule (soulèvement solide sans liquide), de la vésicule (qui contient un liquide biologique autre que le pus), du chancre (souvent génital qui est une ulcération), du bubon (tumeur des glandes lymphatiques) ou des écrouelles (fistule lymphatique des ganglions tuberculeux qu'en principe guérissaient les rois de France par imposition des mains). Pour la plupart des gens, tous ces termes sont synonymes et désignés par le nom générique de «boutons».

Valve mitrale : La valve mitrale fait communiquer l'oreillette gauche et le ventricule gauche du cœur. Elle empêche le reflux du sang vers l'oreillette pendant la contraction du ventricule qui éjecte le sang oxygéné vers l'aorte. Seule valve du cœur à n'être formée que de deux feuillets (alors que les autres en ont trois), elle tient son nom à sa forme de mitre d'évêque (Vésale). Ses anomalies sont entendues grâce au stéthoscope de Laennec, mais visualisées magnifiquement actuellement grâce à l'échographie. Le rétrécissement de la valve mitrale ou son insuffisance (fuite) peuvent être la conséquence du rhumatisme articulaire aigu, maladie inflammatoire fréquente dans le monde, résultat d'une infection par streptocoque. C'est la raison pour laquelle l'insuffisance mitrale est la maladie cardiaque la plus fréquente dans le monde encore aujourd'hui.

Mandarin : Les mandarins étaient les hauts fonctionnaires de l'ancien Empire chinois, dont le pouvoir était immense. On nomme mandarin en médecine les grands patrons, accusés d'avoir un pouvoir excessif sur leurs élèves et leurs collaborateurs. Toute une évolution administrative des dernières années a cherché à réduire ce pouvoir en multipliant les instances décisionnaires. Enfin la loi HPST a tranché la tête du mandarinat en accordant au directeur de l'hôpital la décision définitive.

Fracture ouverte: Une fracture ouverte comporte la mise à nu de l'os fracturé. Quel qu'en soit le mécanisme, elle est beaucoup plus grave qu'une fracture fermée car elle comporte un risque majeur d'infection. En cas de fractures de guerre, l'agent vulnérant est souvent entré dans la plaie et souille le foyer fracturaire. Le risque est alors maximal. Cela explique l'attitude d'un Larrey qui préférait amputer un segment plus haut pour éviter l'infection et la septicémie (infection généralisée).

Catgut: Que les amoureux des chats se rassurent, ce n'est pas avec des boyaux de chats qu'on fabrique le fameux catgut des chirurgiens, mais le mouton est plutôt l'animal utilisé pour fabriquer des «cordes» avec ses intestins. Ce fil était utilisé comme un fil résorbable. Il s'éliminait donc spontanément de l'organisme, absorbé par une réaction inflammatoire. Cela supposait bien entendu que la suture effectuée soit cicatrisée avant l'élimination du fil. Pour retarder cette hydrolyse, on pouvait traiter le fil avec des sels de chrome qui retardaient les réactions tissulaires; ce catgut chromé était également plus résistant. Mais étant donné les risques de transmission du prion de la «tremblante du mouton», tout ce qui vient d'être dit peut l'être à l'imparfait car l'utilisation du catgut devint interdite en France en 2001 et, remplacée par des fils synthétiques, qui ont les mêmes propriétés de résorption.

Drainage: Il consiste à mobiliser vers l'extérieur de l'organisme toutes les collections, liquides ou gazeuses, normales ou pathologiques. Les chirurgiens utilisent depuis toujours soit des lames qui permettent au liquide de suinter à travers une incision laissée béante vers une poche extérieure ou de petits tuyaux de plastique aspiratifs ou non vers des bocaux. Ces drains sont ôtés quelques jours après l'opération quand ils ne « ramènent » plus de sécrétion. Quand il s'agit de drainer de l'air dans les cavités pleurales et assurer ainsi l'expansion du poumon, on utilise un système de bocaux déclives permettant une aspiration contrôlée. Le plus fameux des drains aspiratifs est le drain de Jost et Redon relié à une bouteille où l'on a créé une forte dépression, ce qui fait dire à Guy Jost, brillant chirurgien à l'humour caustique : « L'essentiel de mes travaux médicaux, c'est le vide ! »

Liste des titres et travaux : C'est le curriculum vitae du médecin universitaire. Comme son nom l'indique, la liste des titres et travaux exprime toutes les nominations de l'intéressé (en commençant au baccalauréat, premier titre universitaire) et tout ce qu'il a publié à l'écrit comme à l'oral (communications scientifiques). Elle est demandée à chaque épisode de la vie depuis un modeste stage de post-internat jusqu'à la candidature à l'Académie de médecine. Malheur à celui qui ne l'a pas tenu à jour et qui doit concourir pour un poste imprévu, il s'expose à une course folle pour rassembler ses écrits. Cette liste doit souvent s'accompagner d'un exposé de ses travaux qu'il faut présenter de façon claire, didactique et exhaustive. Bref, il s'agit parfois d'un véritable volume de plusieurs centaines de pages qu'il était de bon ton d'éditer dans le passé. Actuellement les traitements de texte modernes ont démocratisé l'exercice, mais l'épreuve de titres reste une des constantes de la vie médicale.

Étude de phase II (et II, III, IV) : Un essai clinique se divise en plusieurs phases qui surviennent après les essais précliniques (expérimentation en laboratoire et expérimentation animale). Une étude de phase I est le préliminaire à l'étude d'efficacité d'un médicament. Il s'agit d'évaluer la tolérance et l'absence d'effets indésirables chez des sujets le plus souvent volontaires sains ou à des patients en impasse thérapeutique, pour lesquels le traitement étudié représente la seule chance de survie. Cette phase permet également d'étudier la cinétique et le métabolisme chez l'homme de la substance étudiée. La phase II ou étude pilote, consiste à déterminer la dose optimale du médicament et ses éventuels effets indésirables. La phase III est l'étude comparative d'efficacité proprement dite. Elle compare le traitement soit à un placebo, soit à un traitement de référence. Parfois ces groupes sont de taille importante, souvent plusieurs milliers de participants. La phase IV est le suivi à long terme d'un traitement alors que le traitement est autorisé sur le marché. Elle doit permettre de dépister des effets secondaires rares ou des complications tardives.

Complexe d'Œdipe : Pivot de la psychanalyse freudienne, le complexe d'Œdipe évoque le désir inconscient de tout être humain d'avoir une relation sexuelle avec son parent du sexe opposé (on parle aussi de complexe d'Électre pour les filles) et d'éliminer le parent rival du même sexe. Ce serait, d'après Freud, au cours du stade phallique (vers 4-5 ans) que s'exprimerait ce complexe qui s'estomperait normalement ensuite quand l'enfant découvre de nouveaux objets de son désir (stade génital de l'adolescence). L'universalité de ce complexe, prôné par Freud et ses élèves, a bien entendu été critiqué par de nombreux ethnologues, arguant d'organisations sociétales différentes en bien des points du monde, où le complexe d'Œdipe ne peut pas s'appliquer. De même, la société moderne, où l'organisation « nucléaire » de la famille devient plus rare, permet moins l'expression de l'Œdipe. Cependant Levy-Strauss insiste sur le fait que la prohibition de l'inceste est au fondement de toutes les cultures humaines, ce qui peut parfaitement cadrer avec la vieille conception de l'Œdipe freudien.

Ponctions pleurale ou lombaire : La ponction pleurale est l'évacuation avec une aiguille d'un épanchement liquidien après avoir repéré par la percussion du thorax la zone de matité correspondant à la collection liquidienne. La ponction lombaire consiste à recueillir le liquide céphalo-rachidien en glissant une aiguille entre deux vertèbres lombaires dans un but d'analyse. L'une est donc le plus souvent faite pour évacuer un liquide anormal, l'autre pour analyser la composition d'un liquide en situation normale. À l'hôpital, ces gestes sont sous la responsabilité de l'externe, sous le contrôle d'un de ses aînés.

Orientation bibliographique

(par ordre chronologique)

Livres

Fanny Burney, *Account from Paris of a Terrible Operation* (lettre à Esther Burney), Henry W. et Albert A. Berg Collection, New York Public Library, New York, 22 mars 1812.

Paul Bru, *Histoire de Bicêtre (hospice-prison-asile), d'après des documents historiques*, Lecrosnier et Babé, coll. « Bibliothèque d'Assistance publique », 1890.

Ferdinand de Saussure, *Cours de linguistique générale*, Payot, 1965.

Robert Debré, *L'Honneur de vivre*, Hermann et Stock, 1974.

Jacques Fossard, *Histoire polymorphe de l'Internat en médecine et chirurgie des hôpitaux et hospices civils de Paris*, Cercle des professeurs bibliophiles de France, 1981, 2 tomes.

Bernard Kouchner, *Charité business*, Le Pré aux Clercs, 1986.

Claude Quétel, *Le Mal de Naples, histoire de la syphilis*, Seghers, 1986.

Henri Pigaillem, *Le Docteur Guillotin. Bienfaiteur de l'humanité*, Pygmalion, 2004.

Anne Vallaeys, *Médecins sans frontières. La biographie*, Fayard, 2004.

François Benveniste, *Balade autour de la muraille de Philippe Auguste*, Alan Sutton, 2005.

Louis Omnès, *Hôpital Pompidou, une rumeur maligne ?*, Tallandier, 2006.

Étienne Subtil, *René Théophile Laennec ou la passion du diagnostic exact*, L'Harmattan, 2006.

Jean-Michel Delacomptée, *Ambroise Paré. La main savante*, Gallimard, 2007.

Edwin Brit Wyckoff, *Heart Man : Vivien Thomas, African-American Heart Surgery Pioneer*, Library Binding, 2007.

Edgar Morin, Claude Lefort, Cornelius Castoriadis, *Mai 68 La Brèche suivi de Vingt ans après*, Fayard, 2008.

Marc Dupont et Françoise Salaün Ramalho, *L'Assistance publique Hôpitaux de Paris*, Presses Universitaires de France, coll. « Que sais-je ? », 2010.

Jean Vitaux, *Histoire de la Peste*, Presses Universitaires de France, 2010.

Denton Cooley, *100,000 Hearts. A Surgeon's Memoir*, Texas Heart Institute, 2012.

Marie-Thérèse Berthier, John Thomas Sweeney, *Histoire des hospices de Beaune*, Guy Trédaniel, 2012.

Jean Tulard, *Napoléon, chef de guerre*, Tallandier, 2012.

Claude Bernard, *Introduction à l'étude de la médecine expérimentale*, Flammarion, coll. « Champs Classiques », 2013.

Jean-Noël Fabiani, *Le Chirurgien et le Marabout*, Plon, 2013.

Edgar Morin, Claude Lefort, Cornelius Castoriadis, *Mai 68 La Brèche suivi de Vingt ans après*, Fayard, 2008.

Jean de Kervasdoué, *L'Hôpital*, Presses Universitaires de France, coll. « Que sais-je ? », 2015.

Articles

Julien Wyplosz, « Qui a fait la première ligature artérielle ? » : http://www.biusante.parisdescartes.fr/sfhm/hsm/HSMx2011x045x003/HSMx2011x045x003x0229.pdf

Pierre Huard, M. J. Imbault-Huart, « Structure et fonctionnement de la Faculté de Médecine de Paris en 1813 », *Revue d'histoire des sciences*, 1975, vol. XXVIII, n° 2, p. 139-168.

Jean-François Borel, *Revue d'histoire de la pharmacie*, « L'histoire de la ciclosporine », 1996, volume 84, numéro 312, p 413-421.

Lachenal Guillaume, « Le médecin qui voulut être roi : Médecine coloniale et utopie au Cameroun », *Annales Histoire, Sciences sociales*, janv-févr 2010, p 121-156.

REMERCIEMENTS

Je tiens à remercier ceux qui ont relu ce livre pour me conseiller ou me critiquer.

En particulier mes deux complices du Club des Trois : Messieurs Alain Minc et Philippe Labro pour leurs conseils amicaux.

Je remercie également Madame Anne Costa, directrice de l'Hôpital européen Georges-Pompidou, pour son appréciation professionnelle.

Table

L'exemplaire que vous tenez entre les mains a été rendu possible
grâce au travail de toute une équipe.

SUIVI ÉDITORIAL : David Alliot
MISE EN PAGE : Daniel Collet (In Folio)
COUVERTURE : Guillaume Prieur
RÉVISION : Vanessa Deslances et Marie Samson

PHOTOGRAVURE : Taïga
FABRICATION : Marie Baird-Smith avec Isalyne Avenel
COMMERCIAL : Pierre Bottura
COMMUNICATION : Isabelle Mazzaschi avec Adèle Hybre
RELATIONS LIBRAIRES : Jean-Baptiste Noailhat

DIFFUSION : Élise Lacaze (Rue Jacob diffusion), Katia Berry (grand Sud-Est), François-Marie Bironneau (Nord et Est), Charlotte Knibiehly (Paris et région parisienne), Christelle Guilleminot (grand Sud-Ouest), Laure Sagot (grand Ouest) et Diane Maretheu (coordination), avec Christine Lagarde (Pro Livre) Béatrice Cousin et Laurence Demurger (équipe Enseignes), Fabienne Audinet et Benoît Lemaire (LDS), Bernadette Gildemyn et Richard Van Overbroeck (Belgique), Nathalie Laroche et Alodie Auderset (Suisse), Kamel Yahia et Kimly Ear (Grand Export).

DISTRIBUTION : Hachette

DROITS FRANCE ET JURIDIQUE : Geoffroy Fauchier-Magnan
DROITS ÉTRANGERS : Catherine Farin avec Laurence Zarra

ENVOIS AUX JOURNALISTES ET LIBRAIRES : Patrick Darchy
ACCUEIL DU 27 RUE JACOB : Fadéla Hassani
LIBRAIRIE DU 27 RUE JACOB : Ariane Geffard
COMPTABILITÉ ET DROITS D'AUTEUR : Christelle Lemonnier avec Camille Breynaert
SERVICES GÉNÉRAUX : Isadora Montero Dos Reis

Achevé d'imprimer en France à Condé-sur-Noireau (Calvados)
par Corlet imprimeur en août 2016

ISBN : 978-2-35204-509-0
N° d'impression : 183934
Dépôt légal : mai 2016